你和别人拼的不是时间，而是时间管理

9堂变优秀的时间管理课，掌握45个时间管理要点

亭后西栗 著

图书在版编目（CIP）数据

你和别人拼的不是时间，而是时间管理 / 亭后西栗
著. -- 南昌：江西人民出版社，2018.2
ISBN 978-7-210-09832-4

Ⅰ. ①你… Ⅱ. ①亭… Ⅲ. ①时间－管理－通俗读物
Ⅳ. ①C935-49

中国版本图书馆CIP数据核字（2017）第256711号

你和别人拼的不是时间，而是时间管理

亭后西栗 / 著

责任编辑 / 冯雪松　钱　浩
出版发行 / 江西人民出版社
印刷 / 保定市西城胶印有限公司
版次 / 2018年2月第1版
2018年2月第1次印刷
880毫米×1280毫米　1/32　8印张
字数 / 151千字
ISBN 978-7-210-09832-4
定价 / 38.00元
赣版权登字-01-2017-814
版权所有　侵权必究

如有质量问题，请寄回印厂调换。联系电话：010-64926437

序

从前，我们只倡导珍惜时间，却没人提过时间管理。

近些年来，随着EMBA、MBA等商业管理教育的盛行，时间管理这个词从逐渐为人所知，发展为在各行各业内广泛流传。紧跟着EMBA、MBA培训风潮，以及相关留学人士头衔上的一道道金光，时间管理很快成为一门重要学科，相关指导书籍也扑面而来，成为管理类图书的重要成员。

也许这不是你的第一本时间管理图书，但与其他生搬硬套国外理论与方法的"指导书"相比，它一定是很中国化的。无论时间管理这门学科诞生自何处，历代中国人对时间的重视从未停止，也正因为如此，在我们的意识中永远潜藏着对高效的要求，哪怕我们只是躺在床上空自假寐，冥冥中也会有个声音在督促和提醒着，珍惜时间，留取光阴。

人生是一条漫漫长路，我们脚踏时间，既无法停歇，也无法回头，时间带走青春，留下与我们付出相应的成长，累积成我们人生的成就。可是，若时间留给我们的只是空白呢？那么我们的人生，是不是只是写满琐事的一张废纸？

太多人害怕一生碌碌无为，却又在懒散与苟且中告慰自己平凡可贵，诗和远方向来适合寄情抒怀，但远方太远，时间太少。

你和别人拼的不是时间，而是时间管理

这个世界的公平之处，在于它给所有人以相同的时间，这个世界的残酷之处，体现在当你挥霍时间时，它绝不会提醒你："快看，你身边的人比你更努力。"

时间总是悄悄地走，蹑手蹑脚，仿佛生怕被我们发现、被我们抓去，也许它最大的胜利，便是成功地带走一个人的一生，却什么成就都无需留下。

我们想要更加成熟、更加从容、更加稳健，希望被人尊重和信赖，但时间只有这么多，它绝不会为了我们的雄心壮志，将脚步放慢一丝一毫。

如果你真的想变得更加优秀，就请重视你的时间，将你所能掌握的每一分钟都榨干，使其物尽其用，使其物有所值，别让它从你身边笑着跑掉，而你只能叹息一句："时光易老。"

别让时间那么自然地流逝和消失，试着用切实可行的方法，将它约束起来。但千万不要忘记，你的时间作用在你身上，想要约束它，必先管束自己。

没有任何一本书能代替我们管理时间，也没有一本书，能让我们看过之后"立地优化"。时间管理的唯一执行人，只能是我们自己，真正让我们变优秀的，也只有我们的自己。

谨以此书，献给那些在优秀道路上不断摸索和前进的人们，并与那些惜时如命的有识之士齐力共勉。

目 录

第一部分 如何让你的时间变得有价值

第一章 把时间当成你的朋友

你的时间和你一样在成长 / 003

把 24 小时活成 48 小时的模样 / 010

离开"盲碌",解放自己 / 016

高效率、低失误,让你的时间翻倍 / 021

时间管理——对生活的规范与优化 / 029

第二章 计划先行,让生活从此有条不紊

目标明确合理,努力才有方向 / 037

事前计划,为达成目标保驾护航 / 044

提前准备,让你怕的远离,期望的到来 / 051

别让你的计划表变成"流水账" / 058

计划时多思虑,行动才能不犹豫 / 064

第三章　没有合理的分配，时间再多也是一盘散沙

发现专属于自己的时间生物钟 / 072

合理分配精力，时间才有效率 / 078

善用四象限管理法，给你的活动分级归类 / 085

牢记 80/20 法则，远离那些不做也无碍的事 / 093

半路杀出的"急事"没那么可怕 / 100

第四章　告别拖延，做个懂得自律的成功人士

明日复明日，一拖还会拖 / 109

强迫自己——克服拖延的法宝 / 115

自己浪费的时间，哭着也要抢回来 / 122

美味的"诱饵"，让自我管理更加容易 / 129

给环境瘦身，召唤条理与高效 / 135

第五章　清理生活死角，唤醒零碎的时间

利用好零碎时间，就像在拼拼图 / 143

除了洗漱、穿衣，每天早上还能做什么 / 149

你在等待，时间却不等你 / 156

别让空闲时间真的被闲置 / 163

呵护自己，从正确利用时间开始 / 169

第二部分　时间管理，助你搞定工作、学习、生活

第六章　职场人士条理为重

预测能力：那些还没有指派的事，也有你的份 / 179

时刻保持紧迫感，才能事半功倍 / 183

"思维导图"和"备忘录"：坐着想，不如动动笔 / 186

多轴检查：减少错误就是节省时间 / 189

巧妙兼顾上司的突然"干扰" / 193

第七章　管理层高效至上

预测和预定，让管理更轻松 / 198

激励员工，将个人业绩转化为团队效益 / 201

掌握团队成员的想法，选对执行人 / 205

善于授权，谨防"反授权" / 208

听话的未必是好员工 / 211

第八章　销售人员业绩为先

明确的目标和计划，是成功的第一步　/　217

学会选择合适的营销时段　/　220

会谈也需要计划和管理　/　223

拒绝拖延，将机会握牢　/　226

修炼打电话的艺术　/　230

第九章　我们最终追求的，是生活的美好与质量

没什么比虚度时间更空虚　/　235

再见空想：从制定计划到圆满达成　/　237

莫法特法则：百试不爽的大法　/　239

巧解压力，带来更愉快的心态　/　241

时间管理，让生活高效而多彩　/　244

第一部分
如何让你的时间变得有价值

我们时常说,"惜时如金""一寸光阴一寸金""一刻值千金"……时间的价值如何体现?你知道你的时间价值几何吗?你要怎样去珍惜你的时间呢?其实时间对每个人都是一样公平的,只有会利用、会管理,才能发挥时间的价值,才能在有限的时间内成就更多有意义的事情。

第一章 把时间当成你的朋友

▶

孔子说过,每个人都有在某方面超过自己的朋友的地方。我们说,能让你受益的朋友,越多一些越好。如果你的时间就是你的朋友,你在有限的时间内做越多有意义的事情,那么对你来说,时间就是好朋友,能成就你、荣耀你。

第一章 把时间当成你的朋友

你的时间和你一样在成长

时间看似虚无,但是每个人都需要,它不可或缺,所以我们需要一些形式将时间具象化。

人们很可能不记得自己几天前的晚餐吃了什么,也说不出一周前微博上的新闻热点是什么,旧的短暂记忆不断被新的记忆取代,但如果把它们记下来又会如何?记在纸上的东西,人们依旧会忘记,但值得庆幸的是,纸张不会忘记,它们会明确地向我们展示,我们经历过什么、忘记了什么、还有什么没完成。

新晋父母通常会兴致勃勃地为宝宝建起一本"成长日记",有时是照片,有时配有文字,哪一天会翻身,哪一天会爬,慢慢记录到哪一天开口叫"妈妈",哪一天第一次认字。当孩子长大,家长们仍能借助日记,轻而易举地记起多年前的细节。

人们之所以为子女建立"成长日记",是因为"子女是父母最珍贵的作品",将其成长详细记录的愿望是如此强烈,以至于大部分的父母都能完成这本日记。但很多人对于自己的时间,却不会去做记录,也不会去规划。

让他们说为什么，一般会回答，因为忙，时间不够用；也有的人会说，因为没有新鲜事儿，生活过得平淡无奇，记录什么啊。时间那么多而且每天都一样。

所以说，记录时间，只适用于那些珍惜时间的人，只适用于那些想好好利用时间、想把自己塑造得更好的人，那些畅游在时间河流中不计现在，亦不问过往、将来的人，他们的时间不需要"日记"，因为他们的时间不会成长。

也许我们都有这样的经历：想起小时候，好像时间过得很慢，空闲的时间里，总是有很多事诱惑吸引着我们，这其中自然包括玩耍、学习、兴趣活动等等。可是等到长大了以后才发现，自己没有好好利用空闲的时间多学习一些有助于成长的知识和技能。如今，时间库存告急，总是感觉时间不够用，以至于很多人说，要是能够回到校园该多好啊。

或许有人觉得这些想要从头再来的人是当年没有努力过。事实上，人越来越忙，是因为需要处理的事情太多。而并非一定是当年不够努力，但是有一点却是一定的，当年的时间没有规划和利用好。所以，既然回不去了，就好好利用自己以后的时间吧。如果，我们对时间的需求日益增加，对时间的安排和利用却不曾优化，我们惯于疲惫地在事项的夹缝中抢时间，却很少停下来认真想想自己忙碌的真正原因。年龄随着时间增长，但我们的"时间朋友"随之成长了吗？运用时间的方式跟着改进了吗？

随着对时间的要求变高，我们亟需更完善的管理计划，和时间一起成长，为时间制作一本"成长日记"，记录时间的流逝，让我们知道，自己的时间都去哪儿了。

记录流逝，让时间"摸得着"

时间如掌中水、指尖沙，没有起始和终结，留下的只是它们穿过指尖时的感受，就像我们偶尔也会意识到时间正在流逝，如果将这些流逝的时间记录下来，我们的时间也会像水和沙一样"摸得着"。当然，人们所记录的并非真正的时间，而是每个人的时间，或者说，是每个人在每件事上投入和花费的时间。

人们很难真正意识到浪费几个小时会对生命造成何种后果。

通过记录时间的投入方向，我们能直观地看到，自己在一天、一周甚至一个月的时间里都做了什么，又有多少时间是在无所事事中消磨掉的，这或许会成为一种警示和督促，毕竟，将时间以小时为单元记录下来，会让浪费的细节变得更加清晰。

对时间的记录最为细致的名人当属富兰克林，他对时间的珍视程度让他一度走在时间管理的最前沿，虽然那个时代，时间管理还没有成为一项热门话题。

富兰克林既是科学家，又是《独立宣言》的起草人之一，他在政治、经济等众多领域都有涉猎，很多人会问他："你怎么能做那么多的事情呢？"面对这个问题，富兰克林出示了自己的时间表：

5点起床，规划当天事务，考虑需要完成什么事；

6点到11点，工作；

12点到13点，午餐、阅读；

14点到17点，工作；

18点至21点，吃晚饭、谈话、娱乐，最后回顾当天工作，检查自己完成的进度。

乍看上去很宽松对吗？他每天晚上有3小时的休闲娱乐，从21点到第二天早上5点，有整整8小时的睡眠时间，每天工作时间只有7小时……可是别忘了，富兰克林每天都会按照这张时间表进行活动，每天都做同样的安排，也许稍显枯燥，但对他来说，这是对时间最好的尊重。

一张记录流逝的时间表制作起来相当容易，它只是我们日常时间的记录，比如大多数城市人口的时间表是这样的：

6点（6点半），起床；

7点（7点半），出门；

7点（7点半）到8点（8点半），上班，顺路吃早点；

8点半（9点）到11点（11点半），工作；

11点（11点半）到13点（13点半），午饭、上网、打游戏，或是在附近逛逛；

13点(13点半)到17点半(18点),工作;

17点半(18点)到22点,晚饭或朋友聚餐、上网、看电视剧、打游戏、聊天、电话、看书……

22点到23点之间,睡觉。

这就是我们的时间表,看起来比富兰克林更加忙碌,事项也更加丰富,不过有时这会让我们感到更加疲惫,而不是快乐、充实。对时间流逝最直观也最令人反思的记录,通常出现在休息日,很多时候它是这样的:

10点半,睡醒;

11点,起床;

11点到11点半,洗漱;

11点半到13点,在网上寻找订餐,却被微博吸引;

13点到13点半,订餐并等待送餐;

13点半到14点,吃饭;

14点到16点,窝在沙发里上网;

16点到17点,简单打扫房间;

17点到20点,看电影或追剧,中途可能会订餐;

21点到21点半,看书;

21点半到23点,打游戏;

23点到23点半,洗漱;

23点半到24点,睡前刷微博朋友圈。

这是极为放松的一天,简直是梦寐以求的休息日安排。很多人深陷其中时颇为享受,不过,当这样的安排被你记录下来以后,看上去真有那么美好吗?如果每一周的休息日都在循环这样的时间记录,我们真的能确凿地说,自己好好地利用了时间吗?

当时间被记录,我们虚度的时间就会被无情地显示出来。不过,很多人总在专注沉迷于某事之后猛然发觉自己耗费了太多时间,所以,提升对时间的敏感程度,训练一双善于发现时间的眼睛,是拯救时间的又一利器。

训练一双善于发现时间的眼睛

时间管理的第一步不是管理时间,而是找到时间。一旦提到"善于发现时间",很多人马上想到的都是善于发现零碎时间,比如可以在乘车时练习听力,可以在餐厅等位时处理文件,但事实上,大部分的生活并没有忙碌到需要争分夺秒才能完成每天的事项。

惰性是一种与生俱来又相伴终生的"拖油瓶",它教唆人们追求更加轻松的生活,所以很多时候,人们在完成必须的工作和日常事务之后,往往会开始"消磨时光"。

很多女性会在购物软件上花费半天时间搜索浏览,最后的成交量却是个位数,之后她们还会惊呼一句:"哎呀,刷着刷着一下午就过去了!"一些男性除了玩游戏,还喜欢观看搞笑视频或网络小说,但视频之间总会互相推荐,并在列表中自动播放,而网络小说更是犹如汪洋大海一般,所以这些男性通常来不及看表和惊呼,就已经到了睡觉时间。

人们总是在阅读艰涩难懂的书籍和备考时走神,却能在休闲娱乐上专注认真地投入好几个小时,因为休闲娱乐不会令人感到疲惫和吃力,做多久也不觉得腻烦。但成功的生命不会止步于休闲和娱乐活动,不客气地说,正是这些活动占据了大量的可支配时间,才让许多人一生碌碌无为。很多时候,一个人"沉迷"于休闲娱乐活动,并不代表他毫无梦想、甘愿平庸,那很可能是因为他对时间的流逝过于迟钝,以至于耗费了大量时间,却没有意识到这个问题。

读到这里时,你不妨反思一下,自己是否会经常惊叹"已经这么晚了",如果是这样,说明你时常"沉迷"于某些活动,以至于完全忘记了时间的流逝,既然忘记了时间,又如何利用和管理呢?

我们需要学会敏锐地发现自己正在耗费时间,这是一种训练,也是建立在时间具象化之上的良好习惯。

每当开始一件事,记得看一下时间,在事件进行中,完成一部分时再看一次时间,这样,耗费在这项活动上的时间就会被准确地计算出来。

如果是必须完成的工作，或是自己爱好的兴趣学习，一小时可能只是热身，但如果在刚过去的一小时里，你只是浏览了购物网站的化妆品和服装分类页，或是看了十几个小视频，那你就要考虑，是否放任自己继续浏览购物网站或是进入网络棋牌室开局打牌。

通常，当一个人意识到自己在休闲娱乐上花费过多时间，都会自发地停止或进行调整，所以，我们最常遭遇的问题并不是"安于整天无所事事"，而是没有良好的习惯，能发现自己将时间花费在"无所事事"上。

在更好地认识和利用时间之前，你首先要善于发现那些流逝的时间，回头看看做了什么，创造了什么价值。不要小看这个能力，毕竟我们每天的时间仅有24小时，如果管理不善，与其他人相比，我们的可用时间就会减少；如果管理妥当，总有一天你会发现，你的24小时足可匹敌他人的48小时。

把 24 小时活成 48 小时的模样

英国作家赫胥黎曾说过："时间最不偏私，给任何人都是二十四小时；时间也最偏私，给任何人都不是二十四小时。"

乍听起来这话相当矛盾，但事实上，只要我们认真反思自己和他人之间的区别，就会发现他的话揭露了一个血淋淋的事实，那就是——我们与他人的时间并不等量。

这种不等量，与中国的仙凡之别、神人之别不同，烂柯人王质的故事放在现代只是一个故事，而时光从我们身边溜走的速度却是众人平等。

当然，精通爱因斯坦狭义相对论的人会指出，时间并不是恒定不变的，它会随着运动速度的增加而相对变慢，但这个狭义理论目前只被证明适用于光速，身为人类的我们，与身边人的时间是同样的速度流逝的，但时间依旧"偏私"。生活就像计时赛跑，同样一件事，是否比别人做得更快，决定了我们的生活效率是否够高，正如巴尔扎克所说："时间是人所拥有的全部财富，因为任何财富都是时间与行动化合之后的成果。"

任由时间自然流逝的人，他每天的时间与自然时间一样，只有24小时，但善于利用时间的人，总能让时间发挥更大作用，他在一天里完成的工作和学习，其他人很可能需要一天半、两三天，甚至更长的时间。

我们活在一个用时间换取才华的世界，二十五岁时，有人拿到三个学位，并拥有薪资优厚的工作；有人是两个孩子的母亲，同时还自学烘焙开了蛋糕店；还有人辞掉高薪高压的工作，放归自然建造山居民宿，开辟了新的收入渠道……人们总有不同的人生，它们之间的高低差异不在于资产多寡、名声大小，而在于是否高效充实。

这就是时间的魔术。

同样是朝九晚五的上班族，有一天，你发现身边的小A学习瑜伽瘦身成功被男同事表白，身边的小B已经开始学习第三门外语，并用第二门外语兼职挣到了零用钱，邻居嘴里的小C成为公司年度业绩之王，公费出游照片刷屏朋友圈。而你呢？周一到周五每天朝九晚五，晚上偶尔加班，偶尔吃饭、逛街，周六睡到中午，下午和朋友一起吃饭，玩到晚上，周日再睡到中午，窝在家里洗衣、打扫，等待下一个周一。

你不免要问，都是一天24小时，别人怎么能做那么多事？

也许有些人有不错的家境，不需操劳，也许有些人工作就是很清闲，有大把时间进修，不过更贴近事实的情况是，他们只是每天坚持比你早起一小时进行"超车"，每天晚上坚持用睡前的半小时完成计划，或是在午间休息和等待时有计划地完成一些耗时较少的事，总而言之，他们只是更懂得发现和利用时间。

我们不可能将每天24小时变成25小时，但我们可以掌握时间调整速度，在每天固定的时间内，完成更多活动，正是这些比其他人更多的活动，才让我们更加出众。

当你真正看清时间并有效地进行利用，总有一天会有人满是羡慕地问你："你怎么有那么多时间？"

"不，我的时间并不比你多，只不过，你的时间是24小时，而我的却是48小时。"

其实，每个人都可以算算自己到底有多少时间

很多人对自己的寿命很感兴趣，但大部分人追问此事的目的并不在于更好地安排余下的时间，而是单纯地想要知道自己还能活多久。我们注重养生、适当运动、定期体检，以保证身体健康，却很少将余下的时间与未完成的事项联系在一起，那么，我们到底还剩下多少时间？

一般来说，在我国一个人的学前教育从3岁左右开始，6岁之后开始上小学，到了大学毕业一般是22周岁，然后就要开始工作，直到女士55岁、男士60岁退休。

3岁之前，懵懂无知；60岁以后，不说时日不多，但是基本上一个人的人生已经定型。所以，想要和别人不一样，我们就要在年轻的时候，在8小时之外找时间。

想要活得跟别人不一样，就需要利用好自己学习、工作之外的8个小时。切记时间不会等人，无论是繁重的作业，还是一些让人焦头烂额的工作，都不是你放弃自己8小时之外提高自己的理由。因为总有时间管理的高手，把自己的学习、工作处理的井井有条，你完全可以向他们学习，改进自己的时间利用率。

无论是谁都要学习时间管理高手对待时间的态度

时间就是生命。当我们意识到"时间=生命中一切成就"时，每一分每一秒都会变得紧迫而具有意义。富兰克林一向呼吁人们不要浪费时间，"因为时间是组成生命的材料"，而法国作家凡尔纳每天坚持工作15个小时，当妻子劝他适当休息时，凡尔纳会搬出莎士比亚的名言："放弃时间的人，时间也会放弃他。"正是出于对时间的珍视，凡尔纳在40多年的创作生涯中，记下上万册笔记，写成104部科幻小说，共计七八百万字。

很多人都将"时间就是金钱"这句话挂在嘴边，却很少有人能真正做到将自己的时间"金钱化"，反而是刊登在2004年第1期《中学生：初中作文版》中的一篇名为《时间就是金钱——幻想我和富兰克林卖书》的文章"实现"了这句话。

我利用假期到富兰克林的书店里打工。有一天，一位犹豫了将近一个小时的男人终于开口问我了："请问这本书多少钱？"

"一元钱。"我回答说。

"一元钱？"这人又问，"请问你能不能再少要点？"

"它的价格就是一元钱。"我觉得没有别的可回答。

这位顾客又看了一会儿，然后又问：请问富兰克林先生在吗？"

当故事里的"富兰克林"出场，顾客再次问价，希望能从店主口中得到一个优惠价格,不料"富兰克林"却开出了1.5元的价格,因为这位顾客浪费了他的时间。顾客大为惊讶,只得再次询问价格,希望能得到一个稳定且合理的价格,结果书的价格再次上涨,变成了2元……

这种把"被耽误"的时间计入成本的方式,在现实生活中其实颇为常见。正因为时间如同生命一般珍贵,人们才应该重新审视自己的生活价值,以便将时间花在更有意义的活动中。"我今天做的事情有什么意义?它们让我离梦想更近了吗?我每天、每月做的最多的事是什么?对我的人生能起到什么改变?我最想要的生活是怎样的?"

无论做什么都需要花费时间,在《一万小时天才理论》与《异类》两本书中,都提到了"一万小时"的概念,格拉德威尔在《异类》中更是明确指出:"人们眼中的天才之所以卓越非凡,并非天资超人一等,而是付出了持续不断的努力。1万小时的锤炼是任何人从平凡变成世界级大师的必要条件。"

大量调查结果显示:无论是艺术、体育还是某项技能,没人能用3000小时达到世界级水准,7500小时也不行,只有花费1万小时,甚至更多才可以。

寿命80年的正常人,可以留给兴趣和爱好的时间大约有9年,也就是78840个小时,按照"一万小时定律"计算,一个人的一生中，除了学习和掌握赖以生存的专业技能，还可以钻研5~6个领域的专业，若只是爱好，并没有将这些爱好变为专精能力的愿望，也许一个人能涉猎的领域可以增加到10~20个。

这是一项惊人的生命计算。"一万小时定律"向我们保证：每个人的人生都有着更多可能性。所以，是时候重新审视你的生活价值了，确定一个或几个最想涉猎的专业方向，拿出生命中唯一能自由支配的9年光阴，让你的时间变得价值连城吧！

离开"盲碌"，解放自己

8月的欧洲相当悠闲，因为大部分都人在度假，如果你在那时造访巴黎，会发现大量商店关门，一些博物馆也调整为限时开放。在大部分外国人看来，只要每天的工作已经完成，就不需要留在办公室，而是可以尽情享受个人时光。但在国内，所有人都在"忙不完地忙"，这种忙通常无关梦想，仅仅只是工作上的忙碌，它们似乎无法给我们带来快乐和满足，却能让许多人忙得心甘情愿、忙得志得意满，忙到上瘾，忙到一旦退休，便会无所适从地花上数年时间来重新适应。

很多人会将"忙"与地位高低等同起来，比如地位越高的人越忙，又或是越忙越说明自己有价值、有地位、有存在感，我们不难发现，有时"我很忙"这句抱怨，本身就是一种事业有成的展示。另外一部分人，因为单身、离家、压力过大等原因时常会感到焦虑、无望，甚至引发抑郁，这时，忙碌便成为麻痹神经的良药，只要让自己保持在"忙"中，就能暂时逃避各种恼人的问题，保持内心"平和"地度过一天。

终于，我们让忙碌成为一种生活惯性，从上学时忙作业、忙补习、忙考试，到长大后忙工作、忙生活、忙养家，"忙"似乎成为生活必不可少的条件，好像只有这样才是认真生活的证明，但这些"忙"有多少是真的忙，有多少是"盲碌"？

有些忙碌只能带来疲惫

不知你是否也有这样的经历：

每天早上跟着闹钟起床，胡乱收拾一番匆匆出门挤车，可能没有时间吃早饭，也可能只是胡乱吃点东西。每天走进办公室，在桌前坐下来便开始工作，除了吃午饭，期间没有停顿和休息，可是到了下班时间，工作还是没有做完。接着是加班，胡乱吃些晚饭，拖着疲惫的身体乘车回家，倒在床上，脑袋里却还想着有哪些工作没有做完。

第二天早上，重复第一天的活动……

很多人身处"你追我赶"的环境之中，会受到群体效应影响，不由自主地提高自己的速度，以便适应周围的环境，这种提速带来的正是常见的忙碌。不过，由于这类忙碌并非自发，缺少计划性和针对性，导致了大部分的忙碌都是"盲碌"。

因为"盲"，所以很难有效率、有成果，又因为"忙"，无暇思考与感受，长此以往，人们慢慢变得空虚、茫然，心无所依。虽然终日忙碌，却无法感受到收获的快感，这时忙碌带来的疲惫感就会加倍，紧接着，工作热情骤减、效率降低，为了完成既定的工作量，只能花费更多时间，在"盲碌"的路上越走越远，直到手忙脚乱，彻底丧失了工作热情。

但是当你一心想要辞职，换一家更"适合自己"的工作时，你有没有仔细地回想过自己第一天上班时的情景？第一次受到上司表扬，第一次加薪，第一次升职，第一次公出……刚得到这份工作时的斗志和热情是什么时候消失殆尽的？从什么时候起这份工作变成了赚钱谋生的手段，而不再是你热爱的事业了？真的是因为新上任的主管过于严厉，公司的业绩考核制度变得更加严格，或是同事之间矛盾和倾轧加剧等原因吗？

心理学研究指出，当人们被不良情绪控制时，会感觉时间被拉长，同样的一天，因为你情绪不振，时间会显得特别漫长难熬。很多人认为坏情绪与他人无关，但事实恰好相反，人们的不良情绪会对周围产生巨大影响，在你和其他人交流时，这种坏情绪会像病毒一样被对方敏锐地捕捉,让他们感到紧张和不适,降低整体环境中的愉悦感。如果"盲碌"导致的疲惫让你经常情绪不佳,那么很快,你的人际关系也会变坏,继而令你的心情更加糟糕。

这是一个死循环,工作上的"盲碌"导致效率降低、情绪变坏,继而造成个体在团体中的受欢迎程度降低,影响到工作……

一切都来源于我们对时间利用不善,没有计划地进行工作,没有重点地投入时间和精力,导致身边的一切变得一团糟,我们没有赢得成果或成就感,却将自己搞得筋疲力尽、心力交瘁,完全失去了追求美好生活的热情。

别把时间浪费在对成功无用的事上

环顾身边的世界,我们会发现一切都在"赶时间",火车和汽车不断提速,飞机也和音速较量高下,饮食从微波炉到快餐,就连相亲也变成了速配,"从前慢"的悠闲早已不复存在,而这一切的快,都是为了让人们能够节省更多的时间。

时间变得如此昂贵,又无法按照需要增加或减少,所以如何合理地利用时间,在固定的时间内完成更多事项,成为现代人需要考虑和学习的新课题。

为了避免"盲碌"带来的恶性循环,你需要拥有更系统的方法,让并不宽裕的时间像好钢一样用在刀刃上,在保证效率的同时带来最多收益，让你的忙真正忙到点子上。

1. 与其埋头苦干，不如先了解情况

如果没有事先了解情况，我们的努力方向很可能会与事项的期望结果南辕北辙，明确目的再动手去做就显得很有必要。用一个有趣的例子也许能解释得更清楚：

工程施工中，一名技工正在工作，他的徒弟站在旁边学习。突然，技工说："东西没带全，你去给我拿个改锥，我要……"他话音未落，那名徒弟已经跑远了。过了一段时间，徒弟气喘吁吁地回来，递上一个大号改锥。技工一看大发脾气，叫道："谁让你拿这么大的了！我刚才说的话你听了吗？"徒弟感到很委屈，只见技工拿起一个小螺丝钉举到他面前，接着生气地说："我要固定这个螺丝钉，看好了，这种大小的，去拿小的过来！"

这便是一种无用功，而且是高效的无用功，相比效率低下，毫无用处的努力显得更加可怕。

2. 是真的很努力还是看上去很努力

"看上去很努力"，是近年来很流行的一句话，通常指一些人表面上看起来忙忙碌碌，其实却没做什么与目标真正相关的努力，他们每天埋头苦干，其实不是没有用心钻研，就是因为缺乏目的性和方向性而"盲碌"，到头来还要问一句："我这么努力为何没有成功？"

将时间花在对成功有用的事上，是最便捷、有效的方法，但很多人并没有意识到问题的重要性。

一名销售人员的工作安排是在上午给大约20位客户拨打回访电话，询问产品的使用情况和满意程度，但他整个上午都在查阅资料、收集信息，中间还穿插了喝水、去卫生间、与同事闲聊，很快临近午饭时间，在休息时间给客户打电话是不礼貌的行为，所以他将电话回访的任务留到下午。但下午他需要参加一个很长的会议，还要制作下个月的工作提案，所以直到下班时，他还在整理会议记录，提交当日报表等。其他同事下班后，他继续忙了一会儿才完成这些工作，之后他关掉电脑离开了公司。那些重要的电话依旧没有打，因为他"没有时间"。

事实上，销售人员最重要的工作业务便是与客户保持沟通，但例子中的销售人员并没有意识到电话回访的重要性，他完成的事项自然是必要的，但与最重要的电话回访相比，他这一天的"努力工作"完全将时间浪费在无用功上。

高效率、低失误，让你的时间翻倍

常言道"人非圣贤孰能无过"，人们在完成一项事务时很难保证不犯错误，尤其是在保证高速、高效的同时。在"盲碌"一节中提到，高效的无用功比低效的有用功可怕，同理，高发的错误比低速的顺利可怕。这个道理与学生时代的考试一样，高速却错误百出的答卷习惯，与细致无误无需复查的答卷习惯，到底哪一种更好？只要看一下分数就知道，我们的工作与考试相比，时间限制都较为宽松，所以我们完全有条件追求更低的错误率，将事情一次做好，避免多次补救甚至返工，这样既能节省时间，又能保持工作热情和积极性，并维护你在他人心目中的形象与工作能力的判定。

即使有幸从事自己最喜欢的行业，我们还是时常需要处理一些腻烦的事，有时因为兴致不高，导致投入精力极少，或是因为时间不足而敷衍了事，结果却出现了纰漏，只能进行修改和完善，这时的心情一定比第一次还要腻烦。

为了我们的时间，最好的方式是避免敷衍与侥幸，无论感兴趣与否，既然开始一项事物，就认真地完成，如果做得不好就会反受其害。

一次，隔壁办公室的打印机出现了问题，经理将修理打印机的任务交给一名新来的文员。这名文员找来修理人员，经检查发现是打印机中的耗材老化，更换后问题得到了解决，但修理人员提醒那名文员，打印机的其他零件也有问题，如果现在不换,过一两个月也需要更换。不过,那名文员认为经理要求修理的问题已经得到解决,其他的事不用过多考虑,他便让那名修理人员离开了。

果然过了一个多月,打印机再次出现问题,刚好经理需要打印一份重要文件,顿时火冒三丈,叫来之前那名文员大声斥责:"上个月不是刚刚修过吗?怎么又不能用了?你彻底检查过吗?"

那名文员只好再给修理人员打电话,但修理人员最近几天的工作都已经排满,如果想马上修理只能将机器送过去,那名文员没办法,只能找人帮忙搬机器,又自己找来出租车,将打印机送去修理。

明明是一次就能解决的问题,却因为"个人决策失误"变成了两次,既增加了自己的工作量,又被上司质疑其工作能力,无端损失了自己的印象分值。

很多事我们都无法全盘掌控,就算再谨慎小心、精益求精,错误和过失也在所难免,但如果在开始时就想着"犯错很正常""有些误差也没关系",我们将永远告别"无误",更会与"高效"无缘。

大部分人会认为,减少错误的最佳方式是降低速度,那么高效该如何保证?最妥当的方法并非降低速度,而是提高专注度,心无旁骛地处理当下的事项,才能在保证效率的同时,降低失误的概率。

专心做好当下才是最好的选择

虽然我们常常怀念过去，想象未来，但事实上每个人都只能活在当下，正是因为当下既不是过去也不是未来，才会经常被人忽视。

一位哲学家在荒漠中经过一片废墟，那是一座昔日曾经辉煌的城市，哲学家在废墟里发现了一座会说话的石雕，那是一尊"双面神"雕像。

哲学家没有见过双面神，于是问它："你为什么会有两副面孔？"

"有两副面孔，我才能一面察看过去，牢牢地记住历史的教训；另一面又可以展望未来，憧憬无限美好的蓝图啊。"

哲学家又问："过去的只能是现在的逝去，再也无法留住，而未来又是现在的延续，是你现在无法得到的。你不把现在放在眼里，即使对过去了如指掌，对未来洞察先知，又有什么具体而实际的意义呢？"

双面神听了这话不禁痛哭，回答说："很久以前，这座城池由我驻守，我自诩能够一面察看过去，一面展望未来，却惟独没有好好地把握住现在。结果，城池被敌人攻陷，辉煌湮灭于灰烬，我则被人们抛弃在这废墟之中。现在，我开始明白为什么自己会落得如此下场了。"

很多人都会因为过去的某个错误耿耿于怀，因为他们为之付出了代价，但这种耿耿于怀在很大程度上会影响我们现在乃至未来的心态，让我们无法开始崭新的未来。"活在当下"这个忠告流行许久，它旨在将人们从过去的深潭中拯救，并从未来的恐慌中解脱，回到现在，认真地过每一天。

时间本是连续不断的，我们所经历的现在，正是由过去造成，活在当下，使得人们能够将过去中的优点继续发扬，将过去的失误进行弥补，用一个比过去更好的现在，创造一个比现在更好的未来。

这样一种能够指导生活方方面面的成功法门，同样适用于日常工作。

小张在23日上午整理和登记客户名单时，因为一时疏忽将两名重要客户的姓名和电话弄混，当她按照错误的信息拨打电话进行产品使用调查时，客户王女士非常生气，她在电话里抗议小张公司对重要客户的重视度不够，并威胁小张，如果不给她一个合理的解释，就要对小张进行投诉。

小张正面临重要的实习考核，面对王女士的威胁，小张非常紧张，当天晚上一夜都没有睡好，导致她在24日心神不宁，工作漏洞百出。

25日，经理因前一天的工作失误批评小张，正在这时，一直没有得到小张答复的客户王女士打来电话，对小张进行投诉……

小张没有通过实习考核，但导致这个结果的原因并非只有一个，客户王女士的性格当然不够随和，但小张的问题却更加显著。

当王女士的电话打过来的时候，错误已经发生，但小张并没有妥善处理，第二天，因为她专注于"过去的错误"，又惧怕"未来的投诉"，引发了"现在的错误"，到了第三天，在过去两天错误的共同影响下，造成了一个"不可挽回的未来"。

如果小张能在第二天，也就是24日时考虑当下的任务，她或许能想到应该再次联系王女士向她解释和道歉，毕竟，在事件发生一天之后，最初的愤怒和恼火会有所减弱，但因为小张不懂得"专心于当下"这个准则，导致她在23到25日这段时间里，无论是过去、现在和未来都过得很失败。

所以，无论你眼下正在进行的是什么事项，请专注于当下，因为只有尽可能好地完成当下，才能让过去有更好的结束，让未来有更好的开始。要知道，你的生活质量，正是由一个又一个的"当下"组成的。

不过，在提升专注度的问题上，很多人会感到无处下手，我们经常会被各种人和事打断，因此感到心烦意乱。尝试训练和培养专注能力，试着让自己静下心来，将时间变得更高效。

静心,让时间变得高效

美国政治家亨利·克莱曾说过:"遇到重要的事情,我不知道别人会有什么反应,那一时刻,时间、环境、周围的人,我都感觉不到这些。我每次都会全身心地投入其中,根本不会去注意身外的世界"。

我们都知道,冷静和专注可以提升效率,增加准确率,不过道理人人都懂,实行起来却并没有那么简单。

我们的内心经常会被身边的各种事情侵扰,变得烦躁、焦虑,总之,不够平静,这在很大程度上会导致我们判断失误、效率低下,陷入更大的烦躁和焦虑之中。而静心与专注能最大限度地保证我们进行一项事务时的效率和准确率,同时还能给我们带来更多乐趣。

恋爱中的男女总能以最大的热情,启动自己敏锐的感觉,在爱人身上找出其他人没有发现的优点,当类似的热情被投入一项工作时也是如此。哪怕是一个看上去毫无乐趣的职业,当执行人将自己的热情和专注投入其中,这项工作也会呈现出新的面貌。

得益于热情和专注,我们的行动变得迅速,感觉更加敏锐,这些积极的能动性,让我们足已应对乏味的工作和更艰难的挑战。

有时我们会感到很难长时间集中精力,永远有各种事排队等在那里想要打扰我们,又或是我们自己静下心后感到乏味、困顿，根本无法专注于某件艰难的事项。不得不说，专注的能力并非与生俱来，或是在自然成长中轻松获得，而是一种需要长期锻炼和培养的能力。以下推荐一些提升专注力的方法，它们已被证明具有可行性。

第一，寻找自己最容易集中精力的活动，尝试在其他事项开始前用这个活动提高专注程度，之后保持下去。容易令人"沉迷"的娱乐或游戏似乎不在其中，普遍推荐的事项为读书、听音乐等，不过有时候我们会发现，明明在"热身活动"里已经唤醒的专注度，在转移到"正式事项"时转眼便烟消云散。

第二，对自己进行专注力训练。对自己的训练可以有多种方式，比如远离微信、微博等即时APP，在特定的时间进行特定的事项，以此建立规律感与条件反射机制，或是循序渐进地不断拉长自己能够专注的时间，先是半小时，之后以十分钟为单位增加，慢慢地通过训练，专注时间可以提升为连续的几小时。

第三，在身体上想办法。睡眼惺忪的早上或是昏昏欲睡的午后，是注意力最容易涣散的时刻，适当进行运动，能够唤醒躯体，增加大脑供氧量，为专注提供条件。同时，如果你真的想保持专注，千万不要让自己的身体太舒服，能坐着就别躺下，因为你懂的，那些试图躺在床上阅读难涩难懂著作的人，最后都会沉沉睡去。

第四，除了身体上的"折磨"，还可以尝试从心理上施压。消极的心理暗示通常会带来烦躁和不安，但在提升专注力方面，却有着令人意外的效果。"如果完不成就会如何如何"的消极暗示能有效地增强紧迫感，让我们在产生焦虑的同时提高效率，以便远离那个"如果完不成"的深潭，当然，搞不好也会有个"破罐子破摔"的结果。

对于那些期望通过专注力提高效率的人，以上这些方法是颇为有效的，但对情绪的熟练调整以及对专注力的训练是一个漫长而沉重的生活课题，需要我们静下心、打起精神、集中精力地认真培养。

时间管理——对生活的规范与优化

从"三更灯火五更鸡""惜时如金"到现在的各种时间管理概念，都在重复和强调着一件事：时间很重要，只有掌握了时间的人才有可能掌握自己的人生。

在"时间管理法"没有传到中国的年代，孔子已经早早地提出"使民以时"的劝诫，即执政者应该按照农时忙闲来调遣和使用民力，在最好的耕种期耕种，农闲时再征调百姓兴修工程，这不正是时间管理的具体指导吗？抑或是在兵法中常见的"夜袭"与"突袭"，不也是在利用时间谋求最大的胜利和更低的伤亡，也就是所谓的衡量成本吗？

既然古人已经对如何利用"时间"和"时机"做了归纳和总结，那么现代的时间管理又有什么不同？时间管理，到底要管什么？

身处现代社会的上班族每天要花费大量时间用于工作，并以此换取自己生活的全部花销，包括衣、食、住、行等诸多方面。我们的时间被工作占据了绝大部分，如果时间分配不够有效，导致工作时间大幅度延长，我们将失去空闲时间。如果时间分配不够合理，导致我们将大部分空闲时间耗费在单纯的休闲和娱乐活动上，那就意味着，我们每天辛苦地工作挣钱，就是为了在有空时出去休闲娱乐，这样的生活似乎很轻松，但并不成功，假以时日，就连这份轻松也会消散，因为周围的一切都在努力前进，只有你留在原地，而落后的人，永远无法感到轻松。

严格地说，时间管理分为两大部分，其中一部分是针对日常那些必须去完成的工作，力求找到最高效的方法，使铺天盖地的日常工作变得更有条理、更容易进行和完成；另一部分则侧重于空闲时间，那些工作之外的、不被强迫的时间才显示出时间管理的重要意义，因为，我们最常用的休闲方式，决定了时间利用的最高水准。

事实上，八小时工作之外的时间利用，能决定八小时之内的工作效率，我们是否能在空闲时间让紧张疲劳的大脑彻底放松下来，全看我们对时间管理的掌握程度。有些人懂得在工作与休闲中找到平衡点，将压力化为动力，沉稳前进，有些人却总在休息时惦记着工作，工作时又疲惫得只想休息，成为压力下的"牺牲者"。

如何合理、平衡地调整自己的时间，让时间成为自己的伙伴，而不是拼尽全力地追赶时间，正是时间管理最关注的问题。

时间管理的四代进化

关于管理时间的研究经历里相当长的历史，甚至足已分为四代。

第一代重视便条与备忘录，是最基本的时间管理，利用最简单的形式，在忙碌的工作中对时间和精力进行调配；第二代则将重心转向了行事历与日程表，在记录当下工作的同时，更多地关注未来的规划与实施；第三代时间管理已经进化得相当完善，这是一套重视事项优先顺序的管理方法，以轻重缓急划分事项，之后制定详细的目标计划，利用有限的时间精力获得最高的效率，第三代时间管理系统是时代高速发展的必然产物，但在人性化方面却有所欠缺，由于过分强调生产效率，忽视日常的生活质量，这种方式显得过于死板拘束，逐渐被人们所抛弃。

紧接着又出现了第四代理论，否定了"时间管理"这个名词，提出"个人管理"的概念。第四代理论认为，专注于如何安排时间与事务，不如将重点转移到维持工作效率与生活质量的平衡上。

事实上，提倡时间管理最终的目的是工作的高效性，当工作变得高效而有条理，工作之外的业余生活才会变得轻松而悠闲，每个人都沐浴在时间的河流中，时间管理本身就是个人管理的一个方面，它力图让时间变得更有效率、生活变得更有品质、日常变得不再拖沓、作息变得更有规律。

我们经由时间管理划分和掌握的，不单纯是工作上的时间，而是属于我们每个人的完整时间，工作的、学习的、休息的、旅游的、交际的，所有体现在我们身上的时间，都可以被我们所掌握和利用，它会让我们对时间有一个全新的认识，让时间无声又无痕的脚步变得清晰起来。

无论运用者最后得出何种结论，时间管理的最初以及真正目的，并不在于压榨所有的可用时间，换取更多的产出，而是通过合理的计划，使人们摆脱被各种事项牵着走的忙乱处境，成为自己时间的主人。

平衡工作时间，打造更大价值

在这个压力爆表的时代，我们唯一想做的就是提高速度，快一些，再快一些。不过，过于迅速不见得是好事，就像很多鸡汤文里说的那样，"如果走得太快，灵魂就跟不上了"，长久的紧绷，只会让我们的精神之弦更早绷断，而不是奏响人生的华美乐章。

人们出于各种原因爱上自己的工作，工作不会审视这些原因，而是会回报你的全力付出，我们经常因为这样的回报而获得极大的安慰和鼓励，进而投入更多的时间和精力，因为"工作不会背叛"我们。很多人一边嚷着累，一边还像上瘾一样黏在办公桌前一项接一项地处理工作，无论男性还是女性，都一心要凭借工作变得更加独立和成功。

当我们将所有的热情和精力都献给工作时，我们就抛弃了自己。按照时间管理法则显示，一味地埋头于工作，并不是一个明智的选择，你是否认真地思考过自己的价值和真正的人生目标？如果不清楚自己的价值，不清楚自己的梦想和目标，你要如何判断眼下的工作是不是真的适合你？如何感知目前的生活是否你真正喜欢或热爱的？

这些问题，工作永远无法回答你，但任何人都应该对自己的价值有所了解，这既能提升人们对自己的认知程度，又能帮助人们在合适的工作中创造更大的个人价值。关于一个人的价值，其实是一个人所思考的一切，那些包含三观好**恶**的任何想法和主观判断，都能体现这个人的价值，但在现实生活中，人们的价值体现在为别人创造的价值上。

最简单的例子,你每年能为老板创造50万的利润额,那么你在老板眼中的价值就是50万,他当然不会把这些利润都给你,但它们等同于你的价值。

在相互协作的公司团体中,我们需要做的就是发挥自己的价值,为他人创造价值。学会衡量自己的价值,提升一个人对自己的定位能力,无论在求职或任职期间,都能有的放矢,准确地将自己的价值发挥到最大限度。

思考和自查自己价值的方法相当简单,涉及的要素虽少,却都是最基本的条件,它们分别是:人品、沟通能力、技能和工作激情。

通常情况下,人品很难直接体现为价值的获取,但它依然是个人价值中的重中之重,具体原因毋庸多言;沟通能力的强弱,不但会影响与客户之间的商业往来,也会影响我们在同事之间的人际关系和在上司眼中的形象,毕竟,大家都愿意同懂得说话艺术的人沟通;技能明明是与工作内容密切相关的方面,却屈居第三,这是因为技能的获取只需要通过教育,而不像人品与沟通能力,是在成长中长期磨练而成;最后是工作激情,当个人价值的前三项已经得到他人的认可,剩下的就是对工作的热情了,它虽然不是必须具备,却能在发挥作用时起到事半功倍的效果,它是让工作变得轻松愉快的秘密,也是推送我们通向成功的助力器。

为了你的时间能得到更好的利用,在远离"盲碌"的同时记得留些时间给自己,思考和衡量自己的人生价值,给自己一个更准确的定位,也为自己开启更加高效的人生。

第二章 计划先行,让生活从此有条不紊

想要完成一件事需要两步,第一,想要做;第二,开始做。但是,当我们兴致勃勃地开始,却发现有些问题还没有考虑周全。首先应当做什么?需要多久来完成?接下来又要做什么?要如何一步步达成结果?面对一件事,我们时常怀着三分钟热度左冲右突,却未必收到什么成效,抬头看向前路,苍茫一片,如果没有计划,我们怎么能有信心走完这条长路?

目标明确合理,努力才有方向

目标,是开启计划的第一步,也是设定计划的基础和根本。

无论是人类的行走和奔跑,车、船、飞机的驾驶和航行,乃至人类的奋斗,以及所有动物的活动,都有方向和目标,没有方向,一切活动都会寸步难行。

西撒拉哈沙漠中有一个比塞尔村,村子里没有指南针,也没人认识北斗星,许多年来,从没有人能走出这个村子,每当他们凭着感觉向前行走,总会在无边的沙漠里走出一个个或大或小的圆圈,最后再绕回出发的村庄。后来,一个当地的年轻人学会了识别北斗星的方向,他只用了三天时间便走到沙漠边缘,作为开拓者,这个年轻人的铜像从此被立在比塞尔村中央,铜像的底座上刻着一句话:"新生活是从选定方向开始的。"

国外的一些名校,比如哈佛大学,经常会进行一些意义重大的跟踪调查,这些调查有些是短期的,有些则跨越了几十年。关于目标对人生的影响,哈佛大学进行过一个非常著名的跟踪调查。

调查对象是一群智力、学历、家庭环境等条件相近的年轻人，当时的调查结果显示：调查对象中，有27%的人没有目标；60%的人目标模糊而且不确定；10%的人的目标清晰，但都是比较短期的目标；只有3%的人有清晰而长期的目标。

之后经过了25年时间，这群年轻人已经步入中年，跟踪调查的结果显示出他们在25年间的生活状况，同时也显示了调查期结束时他们在社会阶层的分布现象。

占据3%的人，因为目标清晰而长期，25年来几乎没有更改过人生目标，并为了实现目标不懈努力，25年后，他们几乎全部成为社会各界的顶尖人才和成功人士。

占10%的年轻人，则在不断实现自己的短期目标，通过实现这些目标，他们的生活状态稳步上升，进入社会中上层，成为各个行业中的专业人士，比如律师、医生、工程师、高级主管等。

占据了60%的没有明确目标的年轻人，几乎都生活在社会的中下层，他们普遍过着安稳的生活，工作也比较稳定，但却没有取得特别突出的成绩。

最后的27%，是那些长期没有目标的人群，他们大多生活在社会底层，诸事不顺，常常失业或接受社会救济，他们总在抱怨，抱怨他人，抱怨社会，抱怨世界不公。

也许你之前很少思考制定计划、设立目标的重要性，那么现在是你认真考虑的时候了。目标的意义在于为行动和追求设定明确的方向，一个人的目标越明确，前进的方向就越清楚。避开弯路，用最有效和直接的方法接近目标。一个人的目标越合理，达成的可能性越大，前进的动力和信心就会越强，从而进入一个积极蓬勃的良性循环之中；若失去了目标，人生难免会变成一只无头苍蝇，到处碰壁，在这个"你追我赶"的环境中，当周围的"竞争者"因为有明确目标而从容向前时，身为无头苍蝇的人群，大概就很难再找到食物了。

所以任何计划的开始，都需要先设定一个明确合理的目标，那是计划的目的，也是"征程的终点"。不过，目标和不切实际的幻想完全不同，衡量目标的合理性，是确保整个计划能够抵达终点的先决条件。

"量体裁衣"，让目标触手可及

目标就像美味的樱桃，挂得太低，无法提升自己，挂得太高，人们很容易放弃努力。当有人问起罗斯福总统夫人对年轻人的未来和奋斗有什么建议时，她讲起自己年轻时的一件事。

那时罗斯福夫人还在读书，她很想在电讯业找一份工作，既挣些钱，又能多修几个学分。于是在父亲的介绍下，她见到了当时美国无线电公司的董事长萨尔洛夫将军。

当将军询问她想从事什么工作、哪个工种时，年轻的罗斯福夫人回答说:"随便哪份工作都行!"但将军却停下手里忙碌的工作,严肃地看着她说:"年轻人,世界上没有一种工作叫'随便',成功的道路是目标铺成的。"

目标带给人的方向性使得它的意义如此重大,几乎可以说,成功人士的生活就是"充分合理地利用时间,进行一系列有目标的行动",那么,目标要如何确定?

我们小时候大概都写过名为《我的梦想》或《我的理想》的有关文章,那时,缺少社会经验和工作经验的我们对行业分类所知甚少,熟悉的职业只有老师、医生、护士,我们身边家人的职业,以及在电视上看到的职业。

小时的我们为了自己的梦想想破头,后来又被生活教会了何为现实,当脑海中模糊地出现一个想法,我们会习惯性地质疑其可行性,想要成功设定一个明确合理的目标,已经变得异常艰难。对于那些患有目标恐惧症,或是不知如何设立目标的人,以下几点建议也许会有指导和借鉴意义。

首先,尝试把模糊的梦想变成清晰的目标。梦想虽然有些脱离当下的现实,但那至少是我们心中的向往,更何况如果努力走下去,梦想也有极大可能会变成现实。

其次要考虑自己的特长。这是实现目标的捷径之一,为了目标的圆满达成,在设定时最好不好"强己所难",在擅长的领域和方向上设定目标，无论是兴趣还是能力都具备更多优势，这会大幅度提高自己的信心和效率。

最后需要注意的是，目标一定要有连贯性。作为长期的努力方向，我们需要做的是"1+1=2，2+1=3，3+1……"这类累加，而不是重复循环"1+1=2"这个简单的开始。只有当目标首尾相连，它们身上微小的力量才会组合起来，成为改变人生的强大能量。

过大而模糊的目标会让我们无所适从，并在行动中很快迷失方向，那些心怀广大梦想却缺少具体目标的人，很少会成功。相反，那些懂得量体裁衣、为自己定下合理目标，之后再一点一点累加的人，成为真正完成目标和梦想的赢家。

德国汽车巨头，奔驰汽车创始人之一卡尔·本茨曾见过一个年轻人，那年轻人最大的愿望就是赚1000亿美元！当卡尔·本茨问他："如果你有了那么多钱，你要做什么？"

年轻人想了想回答："老实说，我只是觉得那样才称得上是成功，至于有了钱以后做什么，我也不大清楚。"于是卡尔·本茨告诫这个年轻人："如果一个人真有那么多钱，将会威胁整个世界。我看你还是先别考虑这件事了！"

之后又过去六年，再见面时，年轻人告诉卡尔·本茨，他现在想创办一所大学，他已经有了20万美元，现在还缺20万美元，这一次，卡尔·本茨对他伸出了援手。

事实上，没有明确目标的人可能一生碌碌无为，但那些执着于不合理目标的人，通常都会在坎坷的道路上花掉大部分时间、精力和信心。只有经过仔细衡量而设定的目标，才能帮助人一步步接近梦想，走向成功。

已经确立的目标，别轻易更改

在旅途中，你会轻易改变行驶方向吗？会轻易改变目的地吗？我想不会的。

同理，按照"量体裁衣"原则确立的目标，通常是谨慎而合理的，所以当这个目标确立并开始付诸行动时，最好不要轻易更改它，除非你想调整计划，或是干脆取消它。

完成目标的过程就像在玩通关游戏，无论出于任何原因，中途放弃通关，既得不到奖励，花费的体力或金币也不会被退还。在完成目标的道路上也是如此，中途更改相当于放弃当下目标转攻其他，那么在当前目标下付出的时间和精力会一笔勾销，除了半途而废的失败经验，我们的计划不会有其他收获，而在下一个替换目标中，所有的一切都会重新开始。

1952年7月4日清晨，美国西部加利福尼亚的海岸一改平日蓝天碧水的景象，浓郁的雾气笼罩着海空、陆地，一切都模糊不清。

距离海岸西侧21英里的太平洋上，有一座名为卡塔林纳的小岛。这一天，作为横跨英吉利海峡的第一位女性，43岁的费罗伦丝·查德威克要从这里出发游到加州海岸，横跨卡塔林纳海峡。如果成功，她将创造新的世界纪录，完成自己的梦想。

早上的雾气很大，有雾的天气总是相当潮湿和阴冷，虽然此时已是夏季，但缺少阳光的照射，海水很凉，冻得她浑身发麻，连动作都有些迟缓。浓郁的雾气遮挡了护送船只，她就像是在空无一人的海上游动。

那天，数以万计的人守在电视前，看着她的挑战直播，时间慢慢过去，途中有几只鲨鱼试图靠近她，被护送船上的安全人员鸣枪赶走。

15小时后，时间已经是深夜，她又累又冷，浑身发抖，而海岸线还是遥遥无期。她觉得自己已经坚持不住了，于是便叫人拉她上船。她的母亲和教练在另外一条船上劝她不要放弃，因为那时他们离海岸已经很近了。

可是，当她转头看向海岸方向，那里却是一片模糊的雾气，这更坚定了她想要放弃的决心。在出发15个小时55分钟之后，人们将她拉上船，结束了这次挑战。

直到上船后她才知道，自己放弃时离加州海岸只有半英里的距离。她深感遗憾和挫败地对记者说："说实在的，我不是为自己找借口，如果当时我能看见陆地，也许我能坚持下来。"

令费罗伦丝半途而废的，并不是疲劳和寒冷，而是在浓雾中看不到目标，看不到坚持下去的希望，事实上，两个月之后，她再次挑战并成功地横跨卡塔林纳海峡。

当我们在漫画中看到探宝人在距离宝藏只有一锄时放弃了挖掘时，总要说"真可惜，如果他再多挖一下……"但是，在根本不知道目标还有多远时，一个人要怎样才能坚持不懈地前进？我们没有隔着土层看到宝藏的透视眼，也不是植物大战僵尸里能吹散浓雾的三叶草，更不能预知未来看到目标的完成，我们所能做的，只有坚守已经确定的目标，让它的进度条在计划的推动中，缓慢增长到100%。

事前计划，为达成目标保驾护航

当我们已经有了明确的目标，接下来要考虑的就是如何执行和贯彻。每个人都有很多想做的事，它们都被称为目标——未完成的目标。人们完成目标的几率，通常在于完成它的决心，以及为完成它所做的准备是否充分。

最简单的准备就是"今天十一点接站，我需要几点出门"，更复杂一些的则是"这个季度要完成的产品设计推广，设计时间、修改时间、制造时间、推广时间如何分配安排，需要与几个部门进行协调？"这就是事前计划，它是目标能够顺利完成的必要条件，是向目标方向提前规划出的最短、最优路径，这些计划可以有效地规避"三分钟热度""越欠越多""过程疲软"等各种理由，防止我们最终半途而废。

一个规范的计划通常能达到如下效果：

1. 简化和清晰工作目标的步骤感

大部分人的工作都介于兴趣爱好与谋生手段之间，我们通常因为兴趣爱好跨入某个专业，这个专业后来变成我们的工作，并在繁忙中慢慢地磨掉了之前的兴趣，最终沦为赖以谋生的工具。这种情况有时会直接影响工作目标的完成效率。

生活像是一团乱麻，但聪明人总能找到头绪，让团状变成线状，清晰简明地导向目的地。我们的工作目标也能如此，无论是简单的个人工作报告、年度总结，还是独立项目的集中策划、执行，都可以成为线状目标。再远的路，只要迈好脚下每一步便是成功。

将自己手里的工作任务当成目标，进行事前计划，能让那些乍看起来枯燥冗长的团状工作量变成每天、每小时内的精细单元，这些由简单事项构成的精细单元，被时间轴连在一起，就成了线。这时，团状工作量会变得清晰简化，削弱每天面对整体工作量的无望感，我们会很自然地进入每单元内专注完成少量工作的有序循环,进而在执行过程中提升步骤感,有条不紊地同时完成几项工作。当一项任务呈线状展现时,我们能清楚地看到自己的"忙时"和"闲时",当第二项任务出现,同样的线状时间能让我们在最短时间里找到可供"插空"的位置,让多项工作同时推进,直观地显示被多个工作任务占用的重要日期,成功高效地将工作"排班"。

2. 检验和评估兴趣目标的可行性

一个目标在成型期间,外界对它的影响是无可避免的,比如身边的同事好多都在考心理咨询师,那么我们也可能想考一下,他们大多用半年时间完成,我们也会考虑将完成时间预设为半年;又或是身边的朋友坚持瑜伽课程,在三个月内成功减掉二十斤体重,那么我们也许会希望自己通过同样的方式和期限,达到减重二十斤的目的。

我们为目标设定的期限和完成目标所需的强度,大多参照周围的人或事进行预估,只有将目标的完成落实成计划和步骤,我们才能清楚确定地看到它的可行性有多大。

如果那些用半年时间考过心理咨询师的同事是单身男性,而你是一名拥有家庭和一个五岁孩子的母亲,那你大概很难在半年内通过考试,或者说你可能需要提高复习强度,总之,你需要一套和周围人不一样、专属于自己的计划,才能完成相同的目标。

瑜伽三个月减重二十斤的目标也一样可以被事前计划，首先要明确的是，达成该目标需要利用业余时间，但如果你的工作每个月至少出差一次，那么能被你自由支配的业余时间就会大幅减少，你或许该考虑设定一个更长的周期，或选择出差计划比较少的时间段来完成这个目标。

总之，制定计划过程中有很多方便法门，能有效地保证我们的目标按期完成，合理地利用它们，为计划多加几重保险吧！

给你的目标定两个期限

虽然事前计划能够完善目标，并削减多项平行目标带来的无序感，但这些计划的存在并不是为了让目标趋近完美，它只是动手前的基本准备，目的在于更明确、高效地达成目标。时间是整个计划中必不可少的衡量标准，给自己的目标定下两个期限，掐头去尾，将目标堵在这段时间内，才能让它"无路可逃"。

1. 最后的截止时间

关于截止时间的作用，我们很容易理解——这是一个倒数的魔咒，它的存在本身就能制造出紧迫感。任何一件事，只要它被"钉死"在某个时间点上，那这个时间点就被附加了含义。比如"高考"和"高考倒计时一百天"，比如"本优惠截至到本月底"，又比如"下个周末业务考核"……当这个期限被确定，而时间一天天过去，我们内心都难免会产生一种被人催命的感觉。

最后的截止时间，一能完美地向执行者施加压力，提高执行效率；二能明确计划周期，根据最后期限安排时间。我们为自己设定的大部分目标在产生时都伴随着截止日期，至于那些天生没有期限的目标，为了保证时间管理的合理性，一定要为其设定期限，否则难免会在执行过程中陷入"细水长流终无止境"的时间魔窟。

2. 最迟的开始时间

我们都知道，一件事情只有开始，才有可能完成，所以你的计划一定要具备最迟的开始日期。所谓最迟，其意义在于"绝不能拖过这一天再开始"，它相当于一声发令枪，驱使我们从无限的拖延中拯救目标。

也许有人会疑惑，为什么"开始时间"被排在第二条，它明明比"截止时间"更靠前。从时序上分析，"开始时间"确实先于"截止时间"，但"最迟的开始时间"，其实是根据"截止时间"以及整体计划来设定的。

首先需要确定的是"截止时间"，从当下到"截止时间"之前的时间则是达成该目标的"现实时间"。根据"截止时间"和自身情况设定出的计划，能清晰地体现出"忙时"与"闲时"，刨除所有的"闲时"，余下的则是达成目标所需的"有效时间"，而"最迟的开始时间"，是在不考虑"闲时"，只计算"忙时"的前提下,能够确保目标在"截止时间"内顺利达成的期限。

是的,它就是为了让我们按时完成计划达到目标而存在的,就像清早喊醒我们的闹钟,催促开始,谨防拖延,它与"截止时间"一起,筑成顺利达成目标的第一道战线。

当我们设定好这两个期限,执行计划的时间就会被确定下来,但这并不意味着计划可以就此开始,计划内的时间,依旧需要我们"精细化分"。

在有效区间内,给时间来一场"精细化分"

当同一件事持续的时间太久,人们难免会生出怠惰感,进而效率降低,目标则变得更加难以达到,至此构成一个低效的恶性循环。

在上文中,"有效时间"从"现实时间"中被提取,它是在达成目标的过程中真正需要耗费的时间。比如为项目合作预约的洽谈、为市场推广进行的出差调研,以及与工作目标相关的会议和活动、与兴趣爱好目标相关的培训和练习,都是由计划中的"有效时间"来完成。"有效时间"是纯粹的行动时间,其中的每一分钟是否被合理高效地利用,直接关乎目标的完成时间。

在事前计划中,"有效时间"是较细的时间分类项,但为了保证高效精细地推动进度,避免将热情磨灭在漫长前路中,我们可以将这段"有效时间"继续精细划分。

这是一个细化的过程，考验着我们对时间以及自身效率的认知程度。对"有效时间"的精细划分，几乎能将你未来需要完成的活动像电影一样提前放映，并进行精确计时。

比如在计划表中为期三天的出差，可以进一步精细化为每一天的活动；比如项目合作的洽谈按照惯例一般需要几次完成，那么每一次间隔多久，预期能处理哪一部分问题？这些系统却详尽的时间划分，能让你更充分地了解，在达成目标的"有效时间"内，自己需要完成哪些具体事项。

你可能要问，工作上的事很多都有确定的时间安排，可以进行精细划分，但业余时间里，那些源自个人爱好的目标该怎么精细划分呢？

事实上，你之所以觉得它们无法"精分"，是因为没有确立"有效时间"这个重要概念。我们经常会拿"不必向上司交差""反正是自己的事，拖一拖没关系"之类的借口，让自己的"个人目标"夭折在离起跑线不远的地方。

当我们面对"个人目标"时，需要明确的是，它们虽然由我们自己监督，却一样需要严格对待，因为随意推后的决定权由自己掌握，通常会增加随意和拖延发生的概率。

首先一定要为"个人目标"确立严格的"有效时间"，接着确定哪些是可以轻松实现的，哪些有可能因为各种缘故无法保证。基于业余时间具有更大自主性的特点，这些可能无法保证的"有效时间"才是需要"精分"的重中之重。

我们打算每周拿出半天时间参加爱好的课程，但每个人的周末都有无尽事项，比如还要去做美容、送孩子去补习、去超市购物、回父母家吃饭、打扫房间、参加朋友的聚会或婚礼、洗车，也许还会有突然需要你接送站、帮朋友搬家以及各种无法预见的事项。

这样算下来，仅有的业余时间就变得不那么自由了，对吗？

值得欣慰的是，我们大多数人在休息期间都有一部分活动是必须完成的，有些女人是美容，有些母亲是送孩子或购物，有些年轻人是回父母家吃饭，有些单身女性是打扫房间……找出你自己必不可少的休息日活动，并将那半天时间的课程和它绑定，成为休息日的必备活动，让"有效时间"在业余时段里真的有效吧！

提前准备，让你怕的远离，期望的到来

计划表的存在，让我们清楚地看到自己一段时间内的待办事项，以及即将进行的事项，但这并不能保证我们的目标能够顺利达成，为了更加从容地完成那些事项，我们需要在计划表中提前做些准备。

永远也不要指望计划表会给你的工作带来稳定的保障,因为"计划没有变化快"这句话一向灵验。那些试图将每天的计划排得满满的人,通常在坚持几天之后就会沮丧地发现,自己计划表上的事很可能连一半都没有完成。

计划表作为提前准备的第一步,并没有将可能发生的拖延、耽搁以及更改这些意外计算在内,我们的计划表只是必须要完成的事项,为了让它更加合理灵活,必须在每一阶段的计划进行之前,提前再做准备。

"未雨绸缪"似乎能最好地诠释计划的重要性,修理窗户是房屋日常维护的必要事项,但到底何时操作,才是时间管理范畴里的问题。只有在下雨之前修理,才是时机刚好;下雨时修理,叫"临时抱佛脚",手忙脚乱之下,修理的效果未必很好;雨后修理,则是"亡羊补牢",虽然有足够的时间细致修理,但之前的雨水已经沿着窗户流进房间,效果总是不尽如人意。

在商业中,前瞻性是众人推崇争相学习的能力,这种能力会带来极大的收益,不仅是在利润上,就是普通上班族也一样能凭借前瞻性能力过得更加高效、从容。

也许商业投资中的前瞻性有时需要一点运气,但在日常生活中,大部分的前瞻性只是建立在之前的经验基础之上。

比如一年一度的行业交流会都会在7月底召开,公司领导及相关负责人都会出席，如果你的计划表中，7月最后一周的事项里出现了"向上司提交报告，汇报前半年工作进展与后半年工作计划"的条目，那就是给自己和上司增添麻烦。毕竟，你的上司在那一周有太多事情要忙，所以关于报告，在计划表中应该适当提前，至少控制在7月上半月递交，你的工作量并没有变化，同时也避免让上司留下你不识时宜的印象。

提前调整计划表，为即将来临的事项做准备，这与提前制定计划的目的相同，都是为了获取更好的执行力。在计划表上修改调整，总要比在工作现场临时调整从容得多，所以，拿出你的计划表，用你的经验，将它准备和调整得更加贴近实际吧！

让"墨菲定律"不再是"绝症"

大部分人都不需要每天从睁眼到闭眼一直忙个不休，上班族手中大部分的工作是能够在工作时间内完成的，所以在我们的计划表中，通常会出现只有半天时间就可以完成的工作事项。那么，另外的半天时间用来做什么？

有人曾得出这样的结论："如果有两种或两种以上的方式去做某件事，而其中一种选择方式将导致灾难，则必定有人会做出这种选择。"后来这条初始定律又被拆分和细化为四条，它们分别是：

一、任何事都没有表面看起来那么简单；

二、所有的事都会比你预计的时间长；

三、会出错的事总会出错；

四、如果你担心某种情况发生，那么它就更有可能发生。

对这条定律的最简单表达是："事情如果有变坏的可能，不管这种可能性有多小，它总会发生。"而对这条定律诠释最为生动的例子如下。

如果一片吐司面包从餐桌上掉下，落到地毯上，它两面都有可能着地，但如果这是一片已经涂完果酱的面包，那么通常……有果酱的一面会掉在地毯上。

这真是一个令人抓狂的定律。它明确地为我们指出，这世上的许多巧合似乎都怀有恶意，提出这个理论的人叫爱德华·墨菲，于是这样一套令人深感绝望的定律就被称为"墨菲定律"。

事实上，从概率学的角度来说，当测试的次数足够多时，所有的可能性都会发生，这便是"墨菲定律"的根本所在。通常人们都不大喜欢这条定律，似乎是因为它的存在，人们所"惧怕"的那些事情才会发生，但这并不是定律的问题，而是人们的心理在作祟。

当我们面对一件事，我们清楚地知道它存在着两面性，是或否，成功或不成功，接受或不接受，但这两个结果对于我们来说完全不同。

回到果酱面包的例子中，正因为果酱不容易清理，人们才更为关注这片掉落的面包,希望它以干净的那一面落地,并对另一种结果怀有恐惧,正是这种恐惧放大了涂有果酱那一面的威力,让这片面包的两面在我们眼中变得不再对等,但概率并不会因为人类的心理感受而改变,这一次面包会用哪一面着地,依旧是个未知数。

"墨菲定律"的精髓在于冷静地发现并道出一个真理,那便是"虽然事情的结果有很多种可能,但无论是多么小概率的结果,也一样会发生",而那些小概率的结果,大多都是我们不愿接受的,所以这条定律几乎一直是"绝症"一般的存在。

我们没有办法阻挡"墨菲定律"的入侵,但我们有能力分析事件结果的多种可能性。不要粗暴地回避,或是乐观地忽略那些只有"万分之一"的糟糕可能性,因为"不怕一万就怕万一"。在你的计划表中,提前为这些不美好的"万一"做出准备,这样才能在"墨菲定律"真正应验时,提供相应的"治疗措施",而不是一边抱怨着"怕什么来什么",一边让自己的计划表搁浅在某个概率很小却还是发生了的错误中。

记得为不可控事件留个"座位"

阻挡了猛兽般潜伏着等待机会的"墨菲定律",我们仍然不能掉以轻心,将计划表束之高阁,之后按照计划展开行动。"墨菲定律"代表的是事件的另一种不顺利的可能性,我们只需要为这些可能性留出余地，提前考虑解决办法，就能将时间损失降到最低，但在日常工作中，"变化快"才是计划的大敌。

一位绅士想在远郊的庄园举办一场大型宴会活动，之前他参加过许多舞会和宴会，但这是他第一次做东，所以异常用心。

因为庄园地处远郊，不可能一天之内从城中来回往返，所以宴会将从第一天晚上开始，之后是舞会，一直持续到清晨。第二天宾客们将有一整天的休息时间，可以进行钓鱼、打猎等户外休闲活动，也可以在花园里小坐喝茶，第二天晚上依旧是宴会和舞会，第三天则是宾客回城的日子。这位绅士的计划相当周全，就连指定房间和选定菜谱也由他亲自敲定，但就在宴会开始当晚，意外降临了。

这位绅士的一位远房亲戚刚好在旅途中经过他庄园附近，由于时间已经很晚，周围又没有客栈可以投宿，这位亲戚在没有提前通知的情况下，贸然出现在庄园外。他带着自己的两个女儿和一个儿子，还有七八名佣人，乘着四辆马车到来，让这位正在举行舞会的绅士有些手忙脚乱。因为他在派发请柬时，按照庄园的房间数决定了邀请人数，除了一位宾客因故没有到场，其他房间都已经住满，但仅剩的一个房间，无论如何住不下这位远房亲戚和他的三个子女……

例子中的绅士最后一定在想："我真是没有经验，为什么不

第二章　计划先行，让生活从此有条不紊

能多留出几个房间作为备用呢？"而我们在工作时偶尔也会这样感叹："好想死，我为什么没多留一点时间呢？"

这就是"不可控事件"，它们总是不顾你的计划突然出现，打乱你的计划表，让原本的从容有序变得忙乱不堪。这些"不可控事件"包括突然决定召开的会议、经理新布置的任务、供应商突然提出的延期请求，以及所有我们在制定计划时没有料到，却在发生时又不得不去处理的事件。这时，之前计划表中的空白时段就有了用武之地，成为最好的缓冲带，让你的计划表在发生意外时也能按照预期的进度向前推行。

在遭遇"不可控事件"时，计划表还会体现自己的另一个优势，那就是明确清晰的排序。就像电影票或机票选座时的画面，已经安排了必做事务的日期，即被占用的"座位"，那些显示无人的"座位"，正是这些"不可控事件"最好的归宿。

只有对照计划表，我们才能知道这些计划外的事项适合在何时处理，而不是将其胡乱塞在某个看似空闲的时段，完成时却发现它占用了最佳工作时段。

当重要的工作目标最先在计划表中"坐稳"后，千万不要忙着将那些剩余的空"座位"都安排上事项，形成一种"满员"的充实假象，因为我们谁也不知道什么时候会突发变化，扰乱之前的计划，只有为"不可控事件留个座位"，它们才能安稳地落进已经做好的计划表中，而不是与那些重要的工作事项争夺时间，抢夺"座位"。

所以说，充实的计划表当然是美好的，但千万记得留出空白，因为这些空白恰恰是能保证计划表顺利进行的缓冲地带，没有它们，计划再好也会被各种变化冲得七零八落。

别让你的计划表变成"流水账"

管理时间的重点在于找出那些"最有价值"的事，并率先完成它们，为了保证让大部分重要工作能够按部就班地进行，而不是被耽搁到必须马上完成，我们需要制作一份详细而准确的时间计划表，通过这份表格，我们能直观地找到自己的工作重点，并将它们首先"清除"。

由无数经验累积而成的一条结论告诉我们：人们会参照事项的"截止期限"调整自己的工作速度。这似乎与惰性有关，谁也不愿意在明知还有10天剩余时抓紧完成手里的工作，正因为如此，"截止期限"才显得尤为重要。而建立计划表的意义也在于此，毕竟，当"截止期限"白纸黑字地出现在计划表上时，谁也做不到对它无动于衷。

无论是书本还是网络上,计划表的制作总有很多指导和教学,但最基本和最必要的,是将一整年需要完成的事项和目标全部罗列出来,这是计划表的第一步。

第二步,将一年的事项和目标按照季度划分,并在每一季度中,写清各个事项需要完成的进度。

第三步,继续细化,将每一季度的计划精确到月计划,以每月为单元,标明当月需要完成的任务量。进行到月计划时,你会发现眼前的计划已经相当详细,建议在每月月初对当月的月计划进行重新罗列和检查,以保证有突发事件插入时,当月计划可以随时进行调整。

最后,我们可以将计划细致到以星期为单位,在星期天对下周的工作任务列出来,每天的工作计划也可以在前一天晚上列出来。

正是因为从粗到细,从大到小逐步的细化和"精分",才能让庞大而耗时漫长的事务变成每天都能精确计算的工作量,确保我们每天都有明确的目标去完成,在提高效率的同时,也让每天的一小步累积成长期的一段路。

不过,与记录时间流逝的时间表不同,计划表并不是简单地将要处理的时间罗列出来就大功告成,而是通过这种罗列的方式,清晰简化地展现工作流程。

如果只是展现工作流程，你的计划表很可能变成一张按时间排列开的流水账，当你最终完成写在上面的事项时，你会发现这张计划表只是你一年来的时间记录表。

没经过整理和筛检的计划表是"不负责任的"，因为计划表最大的用处不在于记录和划分，而是在细致详尽地展示各类事项的同时，提前将它们分出轻重缓急，发现并妥善安排在时间上发生冲突的事项，并将那些可以同时完成的事项安排在一起，对等待处理的事项进行尽可能周密合理的事前安排，所以，告别流水账式的计划表，让计划内的事务认真有效地"活"起来，排成整齐有序的队伍。

学会将事务"合并同类项"

"合并同类项"完全是借用了数学中的概念，但查其根本，事务的"合并同类项"与这个数学概念是完全一样的。

"合并同类项"是在多项式运算中，将同类项合并成一项……即将相同的部分合并在一起。对于工作事项也是如此，事务的"合并同类项"，正是将能同时或同期完成的事项放在一起，以减少分别处理所花费的时间。这是一种面向全局的调整与合并，涉及每个事项的完成期限、处理地点以及需要花费的时间。

最容易想到的例子，是事项中的采购任务，如果对方没有明确的预约要求，采购是可以自行选择时间的，那么我们可以选择

第二章 计划先行，让生活从此有条不紊

位置靠近的地点进行同日采购，或是在采购当天就近与客户或合作伙伴约谈。

当我们意识到一些事项可以合并时，之前按部就班的计划表就变得灵活而有趣，我们可以在出差的同时完成一个七天后才需要的提案，也可以在下周三检修办公室器材的同时找人来更换损坏的灯管，或是在与其他部门负责人交接工作时，将后续的工作内容资料也一并交付，而不是等到下次想要交付和沟通时发现他刚好在外地出差……

人们一般很难记住每天要完成的工作，并随时保证能与一周之内、一周之后的相关事项联系起来，但计划表却能清晰地显示这些"小事"之间的关联，当我们将这些相关的事项安排在一起，原本分散的事项变得集中起来，时间也得到了解放。

虽然这种方式实施起来既痛快又有成就感，但很多事并不能如我们所愿地合并在一起。比如你原本想要在同一天拜访的两名客户，其中一名在那天却没有时间，你自然不能让已经约好的客户再调整见面日期；又或是你原本想在上午会议结束后与一名销售人员讨论关于新产品的销售反馈情况，但会议刚结束你却被经理叫走布置第二天的研发会议，或是那名销售人员被客户的电话叫走了……

总会有一些意外让某些"合并"不能如愿完成，但大部分时

候,在自己能够掌控的时间和事项上进行"合并",总会收到不错的效果。

"合并同类项"时唯一需要注意的是,如果某个事项非常重要,位列"重急"部分,不要轻易试图合并它,同时,性质或内容过于相似的事,也尽量避免合并,比如撰写文案和查收邮件,你毕竟没有第二个头和第二双手,就算有信心有能力在撰写的同时兼顾邮件,试图将这两个如此相似的事项同时进行,也是一种不大明智的行为,毕竟,能"二用"的心专注在一件事上的效率会更高些。

"合并同类项"虽然可以称作简化计划表的有效方式,但过于繁琐和细致的计划表常常像一条臃肿的巨蟒,若不能为它正确瘦身,我们很容易被缠绕得寸步难行。

给计划瘦个身,排除不必要的事

"合并同类项"虽然有效,但毕竟不是每个事项都可以被任意合并,即使对计划表进行了"合并",上面依然有很多条目,等着我们一件件去完成。

当计划表停留在以年、季度和月份为单位时,上面体现的事项几乎都与公务相关,少量出现的与个人兴趣有关的培训与自学任务,也通常安排在业余时间或零碎时间内进行。但当计划表细化到以周或日为单位时,我们会发现计划表中除了那些必须完成的任务,还存在着临时需要参加的会议、临时预约拜访的客人,以及许多琐碎的事项。

这些琐碎事项里既包括每天都要进行的工作,比如通电话、处理邮件、接受和委派任务、安排第二天的工作日程,除此之外,计划表上还存在着另一类琐事,比如一些宴会、小聚、交流等活动。这时,你需要认真考虑,这些出现在计划表中的事真的必须执行吗?

那些标明了需要拜访的朋友或商业伙伴,哪些是真正的工作需要,哪些只要一个电话就能完成?或许你只是想为工作时间留出一点偷闲时光,等在对方公司楼下的咖啡厅里适当发呆,但当你试着用这部分时间高效地处理工作事项,你会发现因为工作进展顺利,自己的休闲时间变得更加轻松。

有时候,我们的计划过于详尽,于是一些繁杂的琐事也趁机闯入,业余时间的活动自不必说,就连在本职工作中也时常会出现"浑水之鱼"。

最常见的"浑水之鱼",是被我们称作"会议"的事项。

许多下班时间开始的会议,主题为"本部门的发展问题和方向",但在畅所欲言的氛围下,常常会变为一场"世界各地情况与个人有趣经历"的热烈讨论。

我们有多少次会议是被证明无效的?为了会议准备报告、做计划，会后再做策划……在我们的计划表中，真的有那么多必要的会议吗？

是不是有些会议只是为了符合惯例和传统召开？或是为了与其他部门"攀比"开会的次数？还有一些临时决定的会议，是为了避免与个别人接触的难堪局面，所以将其他不相关的人也一起找来。

如果你有一定的决定权，试着将这些会议从你的计划表中清除，如果你没有关于会议的决定权，在个人的工作范围内，也一样可以完成计划"瘦身"。

随着对速度的要求，公司内越来越多的业务往来已经从当面讨论变成了邮件往来，就连交给上司的方案也变为邮件，这一方面将计划表中关于"开会""讨论"之类的事项简化，又能让我们同时与多方进行沟通，这便是公司在沟通流程上的一次"瘦身"。

学习如何给自己的计划"瘦身"，是让庞杂计划更加简明的前提，只有经过推敲和考量的计划，才是真正精炼的计划，它既不会变成流水账，也能保证我们的工作进行得有条不紊，从容高效。

计划时多思虑，行动才能不犹豫

很多人说，"想得再多，不如动手去做"，古人也说，"临渊羡鱼，不如退而结网"，都是说要行动，甚至有人觉得行动大于思考。结果好多不想就去做的人，到头来却懊悔不已，悔不当初，说"当初怎么就没多想一下呢""怎么就没听×××的劝告呢"。

　　行动前多考虑比行动后错了再花大把时间去改过要轻松得多，甚至有的人根本就承担不起不考虑就去做酿成大祸的后果。所以说，行动前考虑清楚是智者的行为，经过认真考虑和谨慎制定的计划，能提高效率，减少错误，让行动变得明确果断。

　　时间管理法则还有另一个名字，叫做SMART法则，"SMART"分别为Specific（明确性）、Measurable（衡量性）、Attainable（可实现性）、Relevant（相关性）和Time-bound（时限性），它们是时间管理的重要要素，体现在每一张计划表中，其中有两项是与"行动"密切相关的，这便是"明确性"与"时限性"。

　　首先，明确性是具体清晰地说明需要达到的标准，明确目标是计划表得以展开的第一步，"我要做一名画家"与"我要获得国内新锐绘画奖银奖"是两个完全不同的表达方式，但很明显，后者更加明确；其次是时限性，这是计划的完成时限，也是对行动影响最大的要素，随着时间的流逝，每一天、每一次的行动都要紧密地贴合目标，但在这个过程中，许多执行者都会面临一个问题：在推动计划时，会遇到一些之前没有考虑到的问题，重新衡量和评估这些新问题需要花费一定的时间和精力，并且还会让人陷入犹豫不决的处境之中，极大地拉低了效率。我们无法在事情没有发生之前准确地预测，这也是为何已经成型的计划表时常还要变动的主要原因。

对目标的理解和掌握越充分，制定计划时考虑得越周全，实施起来出现纰漏的可能性就越小。在已经确定的工作量上提高效率，赢得时间，可以大幅提升我们对抗突发事件的能力。

当我们想要完成一件事，目标便宣告存在，围绕目标和完成时间制定的计划，无论执行起来多么困难，都是通往目标最便捷的路径，它时刻指示着正确的方向，正是这种方向性，才让我们在执行时得以对繁杂的事项进行判断和取舍，进而缩减我们思考和顾虑的时间。

从"顾虑"的手中抢救时间

对于已经确定执行的目标，为何还会出现顾虑？个人自身的犹豫不决自然是其中一个方面，但对自己的目标不够清晰也可以算做一个重要原因。

某次旅行，甲去往的城市既可以乘坐飞机，也可以乘坐邮轮。

乙得知后很热心地向甲推荐说："我还是比较喜欢邮轮，因为大部分航线都会经过城区或是城镇边缘，船沿着河道在水上行驶，两岸的景色匀速滑过，就像一幅展开的长卷，哦当然，邮轮花费的时间会长一些，在这一点上当然飞机更好，不过从这边到机场，再从那边的机场进城，也是一段漫长的路程，相比之下邮轮方便得多……"

乙来回纠结了好一会儿，终于问甲："我说，你到底要怎么去？"

"当然是飞机，"甲想也不想地回答，"我只有三天假期，你难道想让我花费两天时间在船上度过吗？"

如果乙先了解甲的假期时间，根本不会提出乘坐邮船的建议，这就是对目标的不了解。在甲看来，目标是"三天内如何更多地游览当地风光"，而乙讨论的却是"长长河道两旁的房屋与绿树"。乙在为甲的计划出谋划策时耗费了大量无用的时间，他在飞机与邮轮的利弊中难以取舍，但答案对于甲来书简直显而易见，在不了解目标的顾虑中，乙花去了很多时间。

一个朋友和女友相恋三年，打算明年结婚，之前每到周末，他都要和女友一起去看房子，无论是新楼盘还是二手房，加在一起看了不止三十套。

买房需要考虑的问题是多方面的，房屋面积、地理位置、周边交通以及房产价格等，都需要"货比三家"慢慢权衡。

可是，前前后后看了快一年时间，房子还是没有定下来，偶尔会听到他抱怨说："都快一年了，每个休息日都出去，感觉腿都要跑断了。"

我们不禁问他，如今新开发的楼盘那么多，空房子也多，怎么会连一间合意的都没有。直到这时朋友才告诉我们，之前先看过一套二手房，他和女友都很满意，结果房主改变主意不卖了，后来又去一个新楼盘，在那里看到一套不错的房子，不过觉得价格有些虚高，犹豫一下当时没有买，结果再去问时，售楼处说那套房子早就卖出去了，现在随着房价不断上涨，他们之前那笔买房子的钱，越来越难买到称心的好房子了。

每当人们站在十字路口时，都会犹豫到底选择哪一边，那个朋友也是如此，他的等待和观望并没有节省金钱，反而将房价等得越来越高。"买到合适的房子"是他的目标，但这个目标不够明确具体。

在开始看房子之前，他并没有提前考虑自己能够接受的价格浮动范围，也没有对整个房产交易市场进行简单的了解和衡量，他在开始前没有进行认真的考虑和安排，却在实现目标的过程中停下脚步反复思考、衡量，患得患失。这种只有目标却在制订计划时思虑不足的行为，导致了在金钱、时间和精力上的极大浪费。

紧紧围绕目标，决定才能果断

面临决定时，令我们感到最困难的是什么？是取舍。

事物都有两面性，到底留下哪一面，时常让人难以抉择。

不过，凡事总有大小，而小事总是会被放弃和割舍的那一个。法律界有句名言叫"法律不会管那些小事情"，我们的生命过于短促，绝不要浪费在对小事的关注上。

我们有时无法分清事情的大小，有些小事的重要性会因为个人好恶被夸大，还有一些则是因为我们身处事件的两面之中，单凭一套准则，很难判定到底哪一面才是更小的事。

可是，总有一些事是我们根本不用考虑就能做出决定的。当家里发生火灾时，如果不能马上扑灭，你是先逃走，还是先去收拾值钱的东西？当然要先逃走，毕竟生命更加重要，保住性命，是我们生活中最大也最重要的目标，在这个目标的指引下，我们很少会选择失误。所以，当一个人有了明确的目标作指引，在判定一件事的重要程度时，就有了一定的依凭。

前英国首相丘吉尔是个性格果断的人，曾经有人批评他，说他做事不够尽善尽美，丘吉尔没有争辩，也没有反驳，而是讲了一个小故事：

有一天，在普利茅斯港有一名男孩落水，情况危急，一位在港口工作的船夫跳下水，将那名即将溺死的男孩救起。

一个星期之后，一位太太在港口找到这位船夫问："先生，请问上星期救我孩子的人是您吗？"

"是的，太太。"船夫答。

"哦太好了,我已经找您好几天了,请问,我孩子当时戴的那顶帽子呢?"

这个故事用中国俗语可以解释为"丢了西瓜拣芝麻"。丘吉尔讲这个故事的用意很简单,他希望批评他的人能意识到,那些被他舍弃的事情,就像那男孩的帽子,与重点相比只是一些微不足道的小事。

男孩的帽子可能价值连城,但他的性命更加重要,这是在明确目标的指引下做出的正确选择。在无数的文学故事里,众人为了争夺宝物不惜献出生命,镖局为了保一趟镖全军覆没,王子为了爱情和自由抛弃了家产、宝物和王位,清高出世的某代传人将武林至尊帮派疯抢的秘籍焚毁……被舍弃的未必没有价值,只是在执行人追求目标的过程中,它们是不重要甚至是会成为阻碍的存在。

在不同人的眼中,任何一件小事可能都是不得了的大事,每个人只有对照自己的目标,才能正确分辨各种事项的轻重与否,才能在做出决定时果断无误。

第三章 没有合理的分配，时间再多也是一盘散沙

成功的时间管理者对时间的分配非常敏感，它们不会把时间和精力用在小事情上，这会使他们偏离自己的主要目标和计划中的重要事项。当我们尝试着站到高处，将工作当成一个整体重新审视，我们不但能清楚地找出自己的主要目标，也会发觉之前许多耗时耗力的安排，未必就是最合理的时间分配。

发现专属于自己的时间生物钟

"树上没有两片完全相同的叶子",这个世界上也不存在两个完全相同的人。

人与人之间的差异除了体现在生理上,更多地则是在性情方面。有些人性情很急,有些人则很稳,急的如风火,稳的如水冰,这种性情上的差异,导致了每个人的行动力各有不同,对时间的利用方式和效率也不尽相同。他们会形成自己独有的行事习惯和作息时间,进而形成各自的生活习惯,这些个体差异就是每个人的"时间节奏",这就是我们在时间上的"生物钟"。

这种"生物钟"非常神奇,它具有一定的社会适应性。当人们进入某个环境后,会不自觉地调节个人的"时间节奏",使它与周围保持一致,虽然我们无比渴望标新立异、鹤立鸡群,但在内心深处,没有人想被群体孤立,而与群体保持一致,是被接纳的基本条件之一。

无论一个人的性情如何,他都会努力适应周围的时间节奏,但这种调整是有限度的,当改变过于巨大,性情和缓的人会感到烦躁不安、疲惫异常，而性情急躁的人则会感到抑郁不快、消极无力。

外界对我们的影响一向很大，甚至会让我们改变之前对人生的设计和构想。

一个朋友在大学毕业后，曾经规划过自己的人生，他打算先找一份工作，一边挣钱，一边不断学习和进修，尽快提升专业能力，以便谋求更好的发展，同时还要在工作之余拓展自己的兴趣爱好，学习一些才艺类和语言类课程，以便丰富自己的业余生活，提升文化素养。

但他进入一家公司之后，发现身边的同事都在按部就班地工作，虽然不算悠闲，但也没有紧迫感，于是，他的学习和进修计划被无限期地推迟下去，而之前设想了许久的业余爱好时间，也被公司组织的培训占用……

明明可以通过调整自身"时间节奏"来充实的生活，就这样被周围的环境"拖下了水"，又塑造出一个按部就班、不紧不慢的普通员工。

从时间管理的角度来说，发现并确认自己的"生物钟"是一件必要且急需完成的任务，只有明确了自己的"时间节奏"，将时间掌握在自己手中，才能在环境中"保持清醒"，而不是被其他人的"时间节奏"干扰和吞噬。

时间管理进化到个人管理阶段，正是要避免我们的时间被周围环境同化，每个人都应该认清自己的"时间节奏"，并在团体合作时适当地进行调整，达到求同存异的完美配合。

下面是一张表格，列出了"快节奏"和"慢节奏"两类人在生活中的通常表现，你可以对号入座，也可以适时地考虑一下，是否要对自己的"时间节奏"进行调整。

快节奏	慢节奏
时间总不够用，想把一分钟掰成两半	没有朋友邀约，空余时间就没有其他
等待上菜时超过10分钟就感到焦躁	每当被问"忙不忙"，你总觉得"不忙"
极少去咖啡厅和茶馆	习惯用1小时完成半小时的工作
等公交车时总忍不住探出头瞭望	说不出自己这个上午或下午做了什么事
忙到连兴趣爱好都没时间去做	做完一件事之后，不知接下来该做什么
……	……

每个人都有的"黄金时段"

我们时常会有种感觉，在一整天的时间里，我们以同样的态度对待工作，但依旧会出现效率上的不平等，有时我们进展顺利，精神饱满、情绪高涨，还有些时候，无论我们如何努力集中精神，却还是感到注意力涣散，甚至是筋疲力尽。

这不是什么神秘时间，也不代表你已经"过度劳累"，每个人的精力和注意力，在一天时间里总会分为不同时段，在这些时段里，你的工作状态、情绪、效率都会产生剧烈的波动。

根据每个人不同的"时间节奏"，我们将性情分出快慢，但人们的"生物钟"其实也有很大差别。科学家们在对人类睡眠进行研究时,发现人类的睡眠时间与DNA有关,也就是说,每个人体内都有自己独特的生物钟。17%的人属于"百灵鸟型",具有该类型生物钟的人在白天拥有极佳的精神状态,学习、工作效率很高,另外33%的人属于"猫头鹰型",这类人在夜间的工作效率更高,和猫头鹰的习性相似,剩下的50%则被成为"混合型",他们是生物钟的兴奋时段均匀地分布在全天,没有特殊的高效区间,一天中各个时段的精力呈现平稳趋势。关于个人成就的调查结果显示,在这三种生物钟类型中,成功人士出现最多的是"猫头鹰型",其次是"百灵鸟型","混合型"中数量最少。

正是因为生物钟不尽相同,每个人精力最旺盛的时段也不同,那是专属于我们自己的"黄金时段",你一定要想办法找到它。通过长期的工作和生活实践,你最终会注意到它,可能是清早,也可能是下午或是深夜。前英国首相丘吉尔就是"猫头鹰型"生物钟的代表,他常常从深夜工作到凌晨,到了早上其他人开始一天工作的时候,他却待在床上阅读报纸、口授信件。

如果你找到了自己的"黄金时段",请毫不犹豫地将待办事项里那些需要花费大量精力、需要专注、需要创造性思维的事项安排在这个时段,因为它会让你的效率大幅提升,甚至达到事半功倍的效果。

拥有"混合型"生物钟的人群中的成功人士最少，但这个类型占据的比例却很大。如果你是"混合型"生物钟的拥有者，那么恭喜你，你是一个在一天任何时刻都能够集中精力工作和学习的人，可以灵活自由地安排自己的"黄金时段"。通常推荐的做法是将每天清晨培养成自己的"黄金时段"，因为早上的时间是一天中最不易受干扰、最不易被打断的时段。

我们中的许多人都拥有不同身份，有自己的职业，同时还扮演着子女、伴侣、父母等角色，除了日常工作，每天还有大量家务和活动等待着我们，能仰仗的时间就只剩下早上。虽然坚持在每天清晨5点钟起床确实相当困难，但相信你在尝试之后，会发现除了获得安静之外，早起还能让你精神百倍地投入到一天的工作中去。

你的抗压周期到底有多长

如果有人问，我们现在能感受到的最大的力量是什么？答案当然是"压力"。

"采菊东篱下，悠然见南山"的时代早已随着历史远去，现代社会的发展离不开速度，这种对速度的需求遍布世界，交通工具、通讯设备以及人的效率都在以近乎恐怖的速度提升着。在周围环境压力的驱使下，每个人都在拼命向前，身体力行地印证着"压力就是动力"的真理，但是，你身上承受的这些压力，到底有多少转化成了动力，又有多少憋成了内伤？

可能有人会说,压力是给那些想往上爬的人准备的,如果能安于现状,就不会感受到压力,但事实恰好相反,那些努力向上的人感受到的压力反而会小一些。这个道理很简单,当我们看着身边的人越来越优秀,而自己还停留在原地时,除了之前的压力,我们还将承受那些赶超者们带给我们的新生压力。那些工作我们依然要完成,但却没了领先者和佼佼者的良好心态,只剩下"后进生"一般的疲惫与消沉。

在压力的驱使下努力工作确实让人感到又累又辛苦,工作如逆水行舟,不进则退,哪怕只是单纯地为了经济来源,我们也必须咬紧牙关,将"生命中难以承受之重"承担下来,顺带也提前承担了诸如疲劳、失眠、脱发、发福,甚至是抑郁和躁狂。

工作中的很多压力都是从拖延开始,又在之后的疲于奔命中无限放大,但整体环境下的"比、赶、超"更是将各种压力推向高潮,在这样的形势之下,你是否清楚地知道,自己对压力的承受能力到底有多强?你在压力之下工作和生活多久后需要一次释放和排解?换言之,你的抗压周期到底有多长?

你是否整天都无精打采,感觉连发薪日都不再期待?是否因为一点小事就烦躁不安,恨不能将莫名之火一齐喷出?是否很久没有进行喜欢的活动,无论是出游、购物还是宅家里?那么提醒你,你本轮的抗压周期已经行近尾声了。

鲁迅曾经说过，"不在沉默中爆发，就在沉默中灭亡"，但我们既不能选择灭亡，也没有机会爆发，只能默默地积累压力，直到情绪失控，对于这句话当然也有另一种解释，就是"不在压力下躁狂，就在压力下抑郁"……

我们的精神就像一根弹力绳，承受能力很有限，当身上所积累的压力超过这个限度时，无论是身体还是心理，都会产生疾病，既然无法回避压力，我们所能做的，就是关注自己的抗压能力和周期，在自己即将到达极限时，来一场压力的排解与释放，将自己从崩溃的边缘拯救回来。

适当地改善和调整自己的时间运用，也能在很大程度上缓解压力，利用科学、有效的方法分类处理那些待办的工作事项，将可能因拖延和排序不当导致的延期完成扼杀在摇篮中，从根本上提高工作效率。虽然大环境的压力无法避免，但工作上的顺利推进和精力上的合理分配，至少能让你的生活获得相对的按部就班、风平浪静。

合理分配精力，时间才有效率

我们一生有许多年，也有许多精力，不过生命有尽头，一个人的精力也有限，就如同有一罐可以任意分配的豆子一样，要是分完也就没了。

每每提到时间管理，很多人的第一反应便是"充分利用和挤压时间，用更多的时间来进行高效工作"，但时间管理的目的并不是单纯地提高我们的产能，而是力求在有限的时间内提高产能，并安排出空闲时间，保障和提高我们的生活质量。

时间管理在日常工作中强调事前计划与精力时间的合理分配，但我们常常会忽略，那些被投入在工作上的时间和精力，也是经过分配的，我们不可能不吃不睡，也不可能不停不休地进行工作，即便是在工作中，我们也仍然会留出时间用来喝水、去洗手间，甚至是在去茶水间的空隙伸伸腰活动一下酸胀的肩颈。

有人说生命是一场比赛，但不是百米冲刺，而是一场历时一生的马拉松长跑，这就意味着我们不可能憋住一口气直冲向前，而是必须学会在跑动中调整呼吸，以便让自己跑得更久、更远。在无数鞭策与励志名言横飞的时代，学会张弛有度也一直被众人所提倡，但人生这张大弓到底要在何时张开，何时松弛呢？

要记住的是，休息并不是单纯地停止工作，而是为了更好地投入接下来的生活和工作中去。将精力合理分配，既要体现在工作中，也要兼顾业余时间，毕竟工作只是生活的一部分，由日常工作与业余时间组成的集合体，才是我们的人生。

如同蓄电池一般，工作和学习是我们精力的放电过程，而休息则是一种充电和回复，很多对战游戏中，不懂得及时回城休整的角色最终只有死路一条，在游戏中我们的角色可以复活，但在现实中呢？

无论怀着多么强大的愿望、决心，或是拥有多么强健的体魄，我们都不可能在高度集中的状态下战斗很长时间，但有些事项需要我们以"冲刺"的状态完成它们。比如GRE考试或是托福考试，用两到三个月的突击式学习，要比断续持久地复习一年更加有效，在短期的高度集中过后，我们会给自己留一点时间放松，这是对自己的调整，也是为了养精蓄锐进入下个阶段的奋斗。

长期而不间断的工作和学习，会引发人们的倦怠、乏味、迷茫甚至厌烦，热情和行动力也会在漫长的耗损中沉沉睡去，虽然努力的时间更长，但从效率上看反而事倍功半。

在工作上，人们都在提倡高效，但着眼于整个人生，有些人追求计划性强、效率较高的挑战性人生，但还有很多人倾向于随性自由的体验版人生，在业余生活的安排上，这两种追求体现出完全不同的形式，但学会合理地分配时间和精力，都能让时间变得更加高效，尽快达成我们的工作和生活目标。

上帝用一周创造世界，你的一周能做什么

西方文明中，上帝用了六天时间，创造出天地星辰以及世界上所有的生物。

第一日，上帝说："要有光！"便有了光，上帝将光与暗分开，称光为昼，称暗为夜；第二日，上帝创造了空气，让它如拱顶般笼罩在广袤的水面上，称它为天；第三日，上帝让所有的水聚在一处，使旱地露出来，形成陆地和海洋，地又创造出花草、蔬菜和果树；第四日，上帝创造了日月星辰，分管昼、夜，普照大地；第五日，上帝在水中造出大鱼和各种生命，又造出各种飞鸟，并赐福于它们，使它们滋生繁衍，遍布世界；第六日，上帝制造了牲畜、昆虫、野兽，最后按照自己的形象造出人类，并派他们管理海里的鱼、空中的鸟、地上的牲畜和地上爬行的一切昆虫……

第七天，上帝休息了。

一周七天，不断循环上帝创造世界的过程，周日是安息日，是上帝休息的日子，周一到周六则是上帝的工作日。

由此可见，上帝对时间管理颇有研究，他合理地管理时间，每日有条不紊地进行不同的创造，并在第七日给自己放假。相比之下，中国神话中的盘古因过度劳累而牺牲的开天辟地故事就显得过于悲壮了。

初时混沌未开，万物俱无，天地连成一片，其间一株青莲，开花后结一莲子，经亿万年，莲子裂开，盘古执开天大斧出世，并以斧劈开天地。天地初开不稳，盘古以头顶天，脚踏地，每日长高一丈，天地随之增高变厚，经一万八千年，天地始定，盘古力尽，轰然而倒，周身化为万物。其左眼化日，右眼化月，发作星辰，血成江河湖海，骨化山脉丘陵，气为风，声作雷，汗成雨……

东西方两位创世大神的传说，从时间管理的角度分析颇具意味，盘古不吃不睡，纵有仙人之躯也难免力竭而亡，上帝按部就班，创造世间万物还留下一日休闲，这大概是历史上最早出现的宣扬"张弛有度"的故事了。

公历的普及，让我们拥有与上帝类似的生活节奏，周一到周五上班，有时周六加班，通常周日休息。那么，利用上帝创造世界的时间，我们能打造什么样的生活？

大部分人都会抱怨，周一到周六都在上班，哪里还有自己的生活可言？

很多人在一周的工作结束后，选择将周末作为放松和补眠的大好机会，聚餐、逛街、购物、出游，一切休闲娱乐活动都集中在休息日，让难得的休息也变得疲于奔命，之后再迎来痛苦的黑色周一。

合理管理和利用时间的人，却懂得在周一到周五充分利用空闲时间，将它们投入适当的休闲与兴趣爱好之中，到了休息日，他们便有更多时间和精力，专注于自己喜欢的事，精神愉悦地享受假日。

你的精神也需要时间滋养

给精神这样一种"虚无缥缈"的存在留出时间，似乎有些令人费解，但这个做法意义重大。

毕竟，我们由精神和肉体共同组成，生命中的欢乐和悲伤，大多是精神层面的东西，就连时间安排合理，生活和工作很"充实"的感受，也需要由精神来感知。

我们的身体有固定的生物钟，需要按时吃饭、按时睡觉，但精神却很少向我们提出要求，正因为如此，精神的舒适与健康才是我们更容易忽视的问题。在合理分配精力时，那些奉献给休闲娱乐的调整时间，都是为了呵护我们的精神。

充沛的精神能带给我们极高的工作效率，让时间飞逝而过，让辛苦不那么可怕；相反，消极、烦躁和绝望的心情仿佛能"拉长"时间，让我们度过的每分每秒都是煎熬。

所以，精神的愉悦程度，直接影响甚至控制着我们的生活和工作效率。

很多人因为工作繁忙，已经连续几年没有休满年假，难得有几天假日，到底选择什么方式，才能用短暂的时间集中犒劳和滋养疲惫的精神？

旅行观光是一种受益明显的方式，近途和远途都是不错的选择，重点在于，一定要离开之前的环境，漠视电话和信息。当看到与平时完全不同的风光时，你会感到自己彻底挣脱工作的束缚，这种感觉即使只有短短一天也好，你的精神会得到极大的放松。同理，与家人一起出游也是不错的选择。

美国通用电气公司前CEO杰克·韦尔奇在担任CEO期间，仍然坚持在百忙之中与家人一起出游，这种方式既能让家人开心，对自己而言也是一种放松和调节。

他记得一年夏天，自己与妻子进入森林，来到海拔2500米的山腰上，那里有一座小小的房子。从房子里能看到远处的森林、峭壁、丘陵，以及闪着光的湖泊。虽然那天中途下了大雨，将两人淋得透湿，但杰克·韦尔奇依然在之后的晴朗中找到了愉悦，大自然以其独特的魅力，驱散和抚平了他的焦虑和紧张，让他精神百倍地投入之后的工作。

除了旅行，对女性来说，花草和宠物也是调节情绪、释放压力的好帮手，适当地锻炼、听音乐、看喜欢的书籍和影片，学习自己感兴趣的技能，比如乐器、绘画、烘焙、陶艺、插花等；至于男性，可以选择运动量更大的方式，比如健身、骑行，学习简单的搏击，观看各种体育比赛等。这些方式并不是为了让我们的业余生活变得更加充实，正好相反，我们是从休息中挤出时间，用自己喜爱的活动，滋养自己的精神，使其随时保持在积极、欢快的状态中。

放松自己并不是浪费时间，为了我们的精神健康，也为了更好地完成工作目标和自己感兴趣的人生目标，一定要在百忙之中安排时间，用喜欢的事，专门调养我们的精神世界。

善用四象限管理法，给你的活动分级归类

当我们怀着必胜的信念打开自己的计划表时，是否会被一连串的待办事项惊到？就算你鼓起勇气准备动手执行那些事项，新的问题也会出现。

社会是一个协作团体，无论公司还是家里，我们都不可避免地要与其他人打交道，因此大部分时间内，我们手上会同时有好几件事需要完成。

不过，现实状况往往比理论上还要糟糕。某个下午，你正在埋头整理第二天小组开会需要讨论的内容，你的经理突然出现，给你一堆资料，要你在两小时内看熟，之后随他一起去见客户。这就意味着你今天需要加班整理会议内容，但你本来打算一个小时后给部门新人介绍工作内容，并和朋友约好在七点钟共进晚餐，还答应了妻子当她十点钟下飞机时，你一定出现在机场，接她还有她带回的三个大行李箱……

你看，生活总是这样难以捉摸，那么现在的问题是，接下来你要怎么办？

跟随经理去见客户当然不能拒绝，但会议内容也一定要整理，介绍工作内容也很有必要，因为新员工必须在第二天的小组会议开始前了解自己的责任范围，那么，你到底是要对朋友爽约，还是想让妻子在晚上十点自己找出租车回家？

很多时候，我们被四面八方涌来的事情包围，不知如何安排和取舍，这多半是因为我们没有提前将这些活动和事务划分等级，在我们眼中都需要重视的事，也许只有不到一半是真正重要的。

各项事务的等级划分，能让我们接下来的行动变得清晰有序，更重要的是，我们的日常生活就是由这些事务和活动构成的，有序的行动带来生活的有条不紊，让我们轻松度过高效的每一天。

关于事务等级的划分和认定，时间管理界有如下著名的法则。

紧急与重要的四象限管理法

时间"四象限"法由美国管理学家科维提出，自从它问世，就一直受到人们的推崇。

这是一个简单的象限划分，却是高效而精确的。四象限法将事项按照"重要"和"紧急"划分和归类，之后根据所在象限，选择合适的处理方式。

第三章 没有合理的分配，时间再多也是一盘散沙

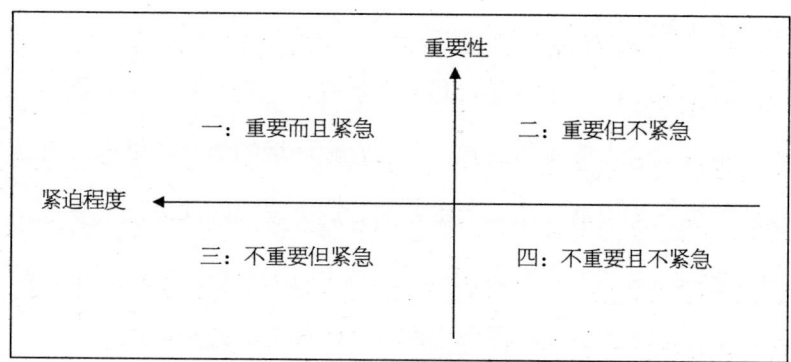

（一）毋庸置疑，排在第一位的自然是"重要而且紧急"，必须"马上去做"

第一象限绝对是时间计划表中的重中之重，没有之一。

紧急而且重要的事情，同时具备时间的紧迫性和影响的重要性，它们不可回避、不能拖延，如果不做会带来确定的不良后果。所以这些事项在时间上必须优先处理，在精力上需要大量投入，比如公司重大项目的谈判、公司内部重要的工作会议、处理客户的投诉或索赔、财务危机、即将到限期的计划或考核等。

面对这类事项，大部分人都能分辨其重要性，率先将其处理，所以这个象限内的事项通常既不存在争议，也不会被搁置，是名副其实的重点任务，但由于时间紧迫，我们很难将它们处理得很好。所以，优秀的时间管理者会建议我们将注意力放在第二象限中。

（二）需要注意，排在第二位的其实是"重要但不紧急"，

记得"认真计划"

这个象限内的事务在时间上不紧迫,但它的影响非常重大,无论是对于个人的生活品质、身边人际环境的建立和维护,或是企业的存在与发展都是极为重要的。这个象限内的事项大多是计划性或预防性的,它们会在将来的某个时刻发挥巨大的作用,或是在工作方面为后续阶段做出准备。比如个人的长期规划、工作与生活中的问题与预防、人员培训、发展客户群或人际圈等。

存在于第二象限中这些"重要但不紧急"的事项,因为时间宽裕,时常会让我们放松警惕,认为它们"不重要",并将注意力转移到一些杂乱无章的小事件中,让这些"重要但不紧急"的事项被拖欠成为"重要而且紧急"的事项。

妥善并认真地对待"重要但不紧急"的事项,能极大地缩减第一象限中的任务量,让你在完成重要事项的同时还能保持从容不迫的状态。正是由于这样的功能,这个象限在管理界一直受到极大重视,并衍生出"第二象限工作法",即"花费80%左右的精力来规划并完成重要但不紧急的事"。

(三)认清假象,很多事真的"不重要但紧急",建议"选择性地做"

第三象限里躲藏着很多具有欺骗性的事项,它们在时间上都很紧急,容易给我们造成错觉,认为它们很重要,并将这些事项归类在第一象限中,让这些不重要的事占用处理重要事项的时间和精力。

这些事项有一部分是可以不做的,比如一个毫无用处的电话、突然造访的客人,或是公司内部本可以简化的公司例会、书面报告的构思和写作等。甚至有一些事仅仅是对他人而言很急迫,比如那句"我们这边三缺一,你快点儿来"。

对这样的事项,我们要学会"选择性地做",个人生活中的一些事项可以不做,但很多工作上的事项却不得不做,这时你可以"交给他人去做"。这种做法称作"授权",就是将一些不重要、不需要亲自督办的事委托给下属或其他人,学会合理"授权",可以将急迫的事项分担出去,在不干扰和打乱自己计划的同时,保证紧急的事项得到解决。

(四)浪费时间,出现在第四象限的事,最好别再让它发生

最终被收纳进第四象限里的事项,既不紧急,又不重要,我们本可以不做,但大多数人都在它们身上花费时间,除了那些勤奋而有志向的人。

在珍惜生命和懂得时间管理的人看来,这些事项几乎就是在浪费生命,可是,很多人因为混淆了第三和第一象限内的事项,常常会无意识地扩大工作量,让自己忙得焦头烂额,于是稍有时间,他们就会躲进第四象限里"放松"一下。

但这些事项并非真正的放松,因为它们大多没有意义和价值,并不算积极的休息。比如上瘾地阅读几千章的无聊小说、观看缺乏内容的电视节目、在午休时间客套地寒暄、在工作空隙闲聊、抽空上网浏览八卦新闻等。这样的活动看似是在休息,其实却是对自己的消磨,刚开始时我们也许能感到放松,但很快,内心的空虚感就会爆棚。

那么现在,请回忆一下有哪些行为长期地霸占你的第四象限,快和它说"拜拜"吧!

如何判定事务的重要性

在上一小节中出现的"紧急""重要"双轴四象归类法,虽然能清晰规范地指导我们对各类事项的排序和重视程度,但我们要如何判定一件事情是不是真的很重要呢?

通常情况下,工作事项的重要性大多很明确,比如那些关系到集体利益的事、上级非常重视的事、完成后价值重大的事,以及任何可能影响自己绩效考核的事,都很重要!

但是,一些涉及到个人活动和个人目标的事项,重要程度的衡量就变得含糊起来。

我们对事项进行计划、对时间进行分配,是为了让自己更高效地工作和生活。在判定事项的重要性时,也要以自己的角度和立场衡量,按照个人的人生目标和规划,以及自己在工作上的需要和发展，全方位地进行判定。

全方位视角，可以最大程度地摆脱局限性，避免"丢了西瓜捡芝麻"的决策失误，利用多重标准来审视自己的抉择。不过，我们都有这样的经历——考虑的方面太多，甚至是在相互矛盾的两方面反复考量，反而无法判断和选择。这时你需要开启如下方式：

围绕原则，对自己进行询问

首先我们要确立原则，这个原则立足于既定目标和规划，比如你将自己的个人目标设定为"每天早起背50个单词"，那么原则一定和坚持早起有关。当你确定了这个原则，便可以尝试反问自己："我有必要去做吗？这件事不做行不行？如果没有做，对达成目标有什么影响？"

遵从内心，学会无条件倾听

好了，你刚才已经提出了问题，现在由你自己来回答。

很多事项只有当事人才知道重要与否。比如你最近很忙，但你一个关系要好的朋友即将出国定居，临走前的最后一顿饭，当然比每周和同一群朋友的聚餐重要得多，或者说，这个相约一起吃饭的朋友可以给你推荐更多客户，那么这顿私人会餐便是你达成工作目标中必不可少的环节。同样，一个女人美容和购物，可能是为了消磨时间或吵架泄愤，也可能是在为第二天的大型商务谈判做准备。

这些在旁人眼中相同的事项，只有当事人有权判定其重要性，所以，当你已经提出了问题，那么就抛开对普遍看法的顾虑，大胆给出判断，无条件地倾听自己吧！

拿出勇气，做你认为正确的事

就像上文中所说，很多时候我们难免会在意旁人的评价，当然，有些人不会把评价说出来，但我们还是能知道，这就是心理学的玄妙。这种评价会给我们带来压力、焦虑和紧张感，所以，当你立足于目标原则，问出自己心中的真实判断，你还需要勇气去执行和维护它。

完成一件旁人看起来无用的事，或是对一场参与者都很期待的聚会说不，在他人可能不理解、或是理解也可能不认同的情况下维护你认为重要的事，的确需要勇气。但你知道你的抉择是为了什么，所以一定要加油！

为自己负责，自我审查与教育

很遗憾地告诉你，就算严格地按照前面的步骤进行，我们对事项重要性的判断也未必完全正确。所以，在每次完成你判定的"重要事项"之后，我们需要给自己进行一次审查和教育。

"这件事是不是真的像我以为的那么重要？""这件事没有达到我预想的效果，是我的判断失误，还是时机不够成熟？""我真的有必要做那件事吗？会不会是因为我自己愿意去做，才会觉得它很重要？"这些自我审查，目的在于检验自己的判定标准是否客观，发现纰漏，并完善自己对重要性判定的能力。而自我教育，则是在确认判定的正确性之后，对自己的建设性提议。

"下次再遇见这种事，我要把它排在第一位。""判定失误，下一次也许我该换个角度考虑。""一起吃饭实在令人开心，但这绝对是在浪费时间，我该学着如何推掉这些应酬"……

当我们一次次审视自己的判定，找出问题并留意和解决它们，我们对事项重要性的判定能力就会日渐提高，事实上，早一日练就这双"火眼金睛"，能让我们的计划安排早一日完美起来，避免在第一象限和第三象限的错位忙碌中浪费时间，放任第二象限中的事项从"时间宽裕"变成一道道"来不及"的催命符。

牢记 80/20 法则，远离那些不做也无碍的事

除了工作，围绕在我们身边更多的是生活，但生活从来不是两个字这样简单，它是复杂而变化多样的，除了我们自身在各种变化中产生的情绪，还有亲朋好友以及他们的情绪在干扰着我

们，这便是所谓的"俗世牵绊"。作为追求和谐的社会动物，冷下脸来不管不顾自然不大可能，"六根清净"彻底回避更不现实，但在时间如此高价的今天，为了追求更高的时间效率，我们必须将这些琐事从自己的时间中分离出去，这是合理分配时间的第一步。

很多时候我们抱怨的"没有时间"，并不是真的必须那么忙，而是错误地将太多精力和时间浪费到无足轻重的琐事上。

一位朋友很风趣地将自己的"1天"时间，比作由自己主演的"24小时戏剧"，家、办公室和晚上活动的场所就成了"剧场舞台"；家人、同事和朋友化身"同台演出者"；在各处发生的事件和角色之间的对话则是"台词和剧本"。

为了使自己的一天过得更精彩，他对自己作为"演员"的演技、服装和小道具都有一定要求，对"故事整体进度"与"自然场景的转换"也很在意，甚至会对下一天的演出计划进行统筹和安排，制定出合理的计划和"剧本"。

这种风趣的比喻，反而体现了此人对生活最认真的态度，生活本身就如同一幕幕连续话剧，而对第二天的演出计划进行统筹和安排，不正是对应着我们常用的计划表和日程清单吗？生活需要认真规划，工作更是如此，我们时常遇到一些耗时很少的事，因为耗时较少，我们会产生一种错觉，认为就算做了它们也不会对自己的工作计划产生影响，但事实上正是这些看上去无害的小事，让你的时间被蚕食得干干净净。

在科罗拉多州的某个山坡上，躺着一棵大树的残躯，根据自然学家推断，它有着400多年的历史。哥伦布在美洲登陆时它刚刚发芽，第一批移民踏上美国土地时，它才长到一半大，400年里它被闪电击中过14次，经历了无数风雨，最后让它倒下的却是一小队不起眼的甲虫。那些甲虫沿着根部向上、向内部啃咬，虽然甲虫的体积很小，但它们数量众多，就这样打败了"森林中的巨人"。

这个故事简直就是"千里之堤，毁于蚁穴"的翻版，它严肃地向我们展示了小事毁掉大计划的过程。那些在我们看来和自己的计划关联不大却不会耽误很多时间的小事，恰是甲虫与工蚁，在不知不觉间肢解着我们的计划。

时间管理者习惯将它们称为小事，因为在当前的计划中，它们是不做也无碍的、隶属于第四象限中的事，若你真的想高质高效地完成计划，就要学会避免和拒绝和这些小事产生交集。

全是重点，就等于没重点

如果我们不小心将一把花生掉在成堆的大米中，想要捡出来简直易如反掌，因为只要瞥上一眼，我们就能从大小、颜色上分辨出花生和大米，但是如果我们把刚刚抓出的一把大米洒回米堆，还能重新捡出来吗？你的视力很棒，注意力很集中，所以在洒回去的一瞬间记住了三四粒大米的位置，但最好的结果也不过如此。

试图从程度相近的群体中筛选出不同的个体是一件艰苦卓绝的工程，但我们似乎经常在做这种尝试。

在我上中学的年代，彩色荧光笔刚刚问世不久，出于对色彩的热爱以及对新鲜事物的兴趣，我用了七支不同颜色的荧光笔将课本上的重点描出底纹，进行"突出显示"，不同的笔描不同的科目，重点类别较多的科目甚至用三种颜色标注。

最后的结果是，翻开课本后只能看到彩带横飞，遮挡了原本就不是很分明的字体，过多的重点"突显"，导致了复习时的阅读困难，而一段接着一段画成一片的重点"突显"，让整本书都成为了考试重点，除此之外，毫无意义。

人们在判断事件的重要性时，往往习惯将它们独立衡量，对于那些自己感兴趣的事项，或是迫在眉睫的事务都会花费大量时间和精力，却因此忽略了其他重要事项。若将每个事项独立考量，它们都有自己不容抹杀的重要性，但当我们在一件又一件的事项上插好"重要"的旗帜，最后再统观全局时，就会像那本涂满重点的教科书一样，满地大旗，满眼重点。这时，那些重点就完全失去了意义。

人的精力是有限的，用在一处，另一处便会流量不足，为了达到目标，我们只能将时间和精力倾注在真正重要的事项上。所谓"射人先射马，擒贼先擒王"，对战时只顾着低头砍杀小兵，却不知击杀敌方大将，只会徒劳地耗损有生力量，最终宣告失败。

著名的时间管理大师赛托斯说："重点是你的重心需要偏移的地方，重点是你需要着重强调的地方，你的工作日程不应该是一成不变的基调，它应该如同一首跌宕起伏的旋律，有高潮的紧迫感，也有平淡的闲适感。"

我们经常听到类似"眉毛胡子一把抓""不谋全局者，不足以谋一域"之类的话语，重点与非重点的区分，无论是在工作上还是生活中都显得尤为重要。

就像本书开始时强调的那样，每个人的时间都是等同的，当我们因为头脑混乱缺乏全局观念，耗费大部分时间和精力纠缠于繁杂的非重要事项，那些睿智的人已经拿出自己最完整最高效的时间和精力，全心全意地钻研那些重中之重，当他们披荆斩棘沿着最近的道路勇攀高峰时，我们也许还在山脚下绕着山割草……

造成此类差异的从来不是人与人之间的智商问题，而是我们对时间以及事务的认识、管理和分配，正因为如此，当这种差异逐步形成时，我们才会感到更加不甘心。

牢记80/20法则，投身于收益最高的事中

1897年，意大利经济学者帕累托在一次调查取样中发现，以

19世纪英国人的财富和收益模式为例，社会上的大部分财富掌握在少数人手里。对比早期一些资料，帕累托进而发现，其他国家也存在着这种微妙的关系，并且在数学上表现出一种稳定模式。循着这条线索继续研究，帕累托提出"社会上20%的人占有80%的社会财富"的理论，引申而言，即"一件庞大的事务，其中真正重要的部分，只占据整体的很小比例"，这个理论被成为"二八定律"，也叫做"80/20法则"。

除了经济，"80/20法则"在生活和管理学中都有体现，不过这条法则重点讨论的是位于顶端的20%，也就是所谓的精英部分。

立足于"80/20法则"，时间管理学中还有一种说法，即"你所完成的工作里80%的成果，来自于你所付出的20%"，也就是说，只要将精力准确地用在20%的重点事项上，就能得到80%的工作成果。

这个比例的差异是如此诱人，以至于人们都希望自己能准确地将20%的重要事项从计划表的汪洋之中揪出来，这是对时间进行合理分配的决定性胜利，你需要判断什么是最有价值的，很可能还要具备洞悉事物本质的能力，如果不确定自己的计划表中有哪些是重点，只要记住以下四个第一就好：

第一、第二象限的事第一

核心环节第一

重要产品第一
关键人物第一

严格地说,"80/20法则"也是一种找重点的做法,我们要随时防止自己被那些缺乏意义、细枝末节的事情淹没,妥善保管自己的有限精力,将其用在"刀刃上"。

一名叫汤姆的年轻人工作勤奋认真,来到新的广告策划公司后,他适应得很快,工作也完成得很轻松,空闲时间里,他还会写小说,因为成为作家是他的梦想之一。这件事后来被老板发现,于是他找来汤姆,询问他对人生有什么规划时,汤姆一口气说了很多,比如当一名作家、一名企业高管、一名心理咨询师、一名报社记者,学会50道世界各国名菜……

老板听完后,给汤姆讲了一个故事:

"森林里,一只土拨鼠被三只猎狗追赶,钻进了一个树洞。树洞只有一个出口,三只猎狗便守在那里。过了一会儿,一只兔子钻出来,飞快地奔跑,它爬上一棵大树,看到三只猎狗只能在树下抬头看它,兔子非常得意,当它嘲笑猎狗时,不小心从树上掉下来,砸晕了三只猎狗,之后趁机逃走了……好了,现在你告诉我,这个故事有什么问题?"

汤姆思考一下,分析道:"首先,兔子一定不会爬树;其次,就算兔子在树上,它掉下来时特不可能同时砸晕三只猎狗。"

老板笑笑:"说得不错,但最重要的问题是土拨鼠去哪儿了?"

大部分重要的事都像这只土拨鼠一样,将猎狗引到树洞前,但它的存在很快就被一只会爬树的兔子取代,这只跑得飞快的兔子吸引了听者的注意,以至于在寻找故事的不合理性时,完全忘记了最初的土拨鼠。

在整张计划表中,重要且关键的事项为数不多,但我们时常将紧急却次要的事项错误地列为关注点,而将重要的关键事项晾在一边,成为被遗忘的土拨鼠。

从这个角度来说,"80/20法则"正是在提醒我们,"重要的事项总是少数",所以请一定记住,不要试图将每一件事情都当作重大项目来完成。

半路杀出的"急事"没那么可怕

现在,我们已经确定了目标,制定了计划,留出了应急机动时间,也严格将事项按照轻重缓急的重要性进行划分,最后将各个事项需要投入的时间和精力分配完成,似乎一切都大功告成,目标虽然还没有完成,但也已经势在必得。

但是，凡事不光有"万一"，还有"半路杀出的程咬金"。即使我们将计划表做得非常完善，也随时准备着迎接计划外的事件，但还有一种计划杀手，叫做"急事"。

根据对上班族的调查和研究，科学家发现人们在工作时平均每隔8分钟就会被打断一次，每小时大约7次，它们可能是电话、通知、同事的求助或工作交接，以及朋友、客户的联络或咨询，这些打断可能只需要花费你一两分钟的时间，却不断地将你从当前正专注进行的工作中拉出来，让你原本完整的工作单元变得支离破碎，注意力也在不断转移中变得涣散，最终导致了工作执行的混乱与低效。

此类事件通常难以避免，毕竟每个人的时间计划表都不是平行的，当你在工作时，打断你工作的另一方可能正在休息和调整，又或是他的工作中有一部分和你的工作内容交叠，但你们为这部分事项选定的完成时间并不相同，从而引起被"打断"的感觉。

值得庆幸的是，"打断"我们的通常不是特别重要且紧急的事情，为了保证工作单元的完整性，当有人临时想要讨论或咨询一些事情时，我们可以明确地回复说："对不起我现在正忙，不急的话，一小时后我再与你详谈。"至于想要讨论和咨询的资料，可以先行通过邮件发送，既没有拒绝对方，同时也会让对方明白，你的时间安排很有计划和条理。

不过，有些时候对方会告诉你，那件事情比较急，希望能马上沟通，这时，强行插队的情况发生了，看样子，你必须暂时放下手里的工作，和对方一起沟通并解决这个他眼中很急的事。

不，也许并不需要。那些在对方看来很急的事，有时只是对方认为很急。不要忘记你计划表中的重点是什么，参考自己的重点事项，如果你发现对方提出的紧急且重要事项对你而言并不重要，那他很可能找错了协作人，毕竟，如果一件事真的如此紧急且重要，那么它对于团队中大部分人来说都是重要的。

另一种更为强硬的"插队"事件，是无法通过衡量和暂缓来解决的，这类突如其来的"急事"通常来自你的上司。当你的工作正在按照计划有条不紊地推动，忽然你的上司出现了，他交给你一些资料，并要你据此整理出一份报告，在下周一的例会上进行讨论。所以……你要允许这个新出现的事项挤入自己的时间计划表中吗？评判标准又是什么？

分清它对计划的影响是当下还是未来

当那些既不能拒绝也不能暂缓的"急事"来袭，我们就像被捏住七寸的蛇一般，毫无反抗能力，眼睁睁看着自己的待办事项+1，时间却依旧不变。

"急事"的可怕在于突然闯入，对已经确定的计划表进行干扰和破坏。我们被"急事"捆住手脚，在不断"插队"中疲于奔命，通常是因为忘记了保持对重点的关注。"急"让我们产生错觉，将它摆在了待办事项中的第一位，但它可能只是一件"紧急但不重要"的事，当我们手忙脚乱地处理好它，之前那些"重要但不紧急"的事项，已经在排队过程中恶化为"重要且紧急"的事项，恶性循环就这样开始，我们连续不断地处理着各种"紧急"事项，一直保持着赶路的状态。

冷静一向是保持头脑清醒和判断正确的首要条件，事实证明，人在不冷静的情绪下，做出的决策正确率极低，而遭遇"急事"时，我们往往会陷入一种不冷静的状态里。

"马上处理掉这件事，之后尽快回到正轨完成设想好的工作计划""这件事很急，只能先把手头的工作放一下，先做完这个再说""啊！又来这套，当我是灭火器吗？我自己的工作什么时候完成"……

我们很少能意识到，这些砸向我们的"急事"有一些不需要马上处理，是否允许它在计划表中进行"插队"，取决于它对计划的影响是发生在当下还是未来。

比如，你在工作中接到一个朋友打来的电话，他很抱歉地说自己当天晚上临时有事，希望将原本约好在当晚的拜访推迟到第二天晚上。只要你第二天晚上的时间没有安排，这自然没问题，朋友的电话出现在工作时间，相当于一种打断，他提出的要求将改变之前的计划，不过改变的只是未来的计划。

遇到这种情况，我们通常会拿着电话或在挂断后便在自己的日计划清单上勾掉晚上的"接待×××"，并将这一条事项加在第二天的清单中，这类临时出现的事，因为改变的是未来计划，所以并不会令人手忙脚乱，只要进行适当调整，一切依然有条不紊。

但如果是对当下产生影响的"突发急事"呢？那些影响当下计划的事，通常是需要马上执行或马上采取措施的事项，对这类情况最有效的原则称为"两分钟原则"。

两分钟原则的内容为："任何一件事情如果花费的时间少于两分钟，就马上去做。因为两分钟是一个分水岭，这样的时间和正式地推迟一个动作所花的时间差不多。"换言之，那些必须完成但耗费时间多于两分钟的事项，除了委托他人，就只能将它存档。

比如工作中，你突然接到电话要求上报一份材料，如果材料是已经整理好的，那么你应该选择暂停当前工作，用两分钟的时间发送完毕；如果材料需要组织，那就需要组织材料的工作任务安排在之后的计划表中；如果材料需要你的下属或同事组织，那么两分钟时间也足够将这项任务委派出去。

日常的工作事项虽然数量繁多，但几乎所有事项都能在两分钟时间内得到判定和处理。我们能很明确地识别突如其来的"急事"到底要花费多少时间来完成，并且极有预见性地区分它们对计划的影响是在当下还是未来，这对我们接下来选择何种解决方案意义重大。

参照计划表，总会有一款解决方案

当我们从理论转向现实，每天被工作上的大小事项包围，你会对自己提前准备出的计划表心怀感恩，正是这些计划表，保证了你在完成重要目标的同时，兼顾突发及插队的各种紧急事项，尽量保持有条不紊的工作节奏，而不是把自己和工作都搞得乱作一团。

在工作事项的安排和执行上，并不是所有事项都能被"两分钟法则"解决或委托他人，总有些"硬骨头"会留在我们手里，上面还有四个大字"亟待解决"。

为了解决这些不能拒绝、无法委托又存在于计划之外的事项，我们必须将它们纳入计划表中，在与之前已经"落座"的事项不冲突的前提下，尽快在截止期限前完成它们。

如何参照计划表寻找对"急事"的解决方案？答案就在我们的计划表中。

回到上两节最末的"插队"事件中去。上司需要这份报告的时间是在下周一的例会上，如果我们不想加班，那么最迟要在周五下午完成这份报告，而此刻距离周五之间的时间长短，决定了这件事是否会对当下产生影响。

如果今天是周一或周二，我们大可以将资料放心收下，之后寻找合适的时间完成；如果是周三，我们收下资料的同时最好考虑一下眼下的工作计划，衡量自己有多少预留的弹性时间可供调配，如果安排妥当，或许能在计划不变的前提下完成报告；如果当天是周四，那么我们就要考虑是否需要将当天及周五的某些不太重要的事项暂时推迟，小幅度地调整计划，以便能够在周五完成报告。

如果上司在布置这项任务时已经是周五上午十点半，那么你的工作计划会面临颠覆性的调整，它的影响完全发生在当下。为了完成报告，我们必须尽快将正在处理的事项暂时告一段落，甚至直接中断它们，将所有的精力投入新出现的"急事"，如果我们手中有一项重要任务必须在周五下午之前完成，那么结论将毫无悬念——努力加班吧！

这种情况是可能且经常存在的，但还有一种令人更加绝望的情况，就是当我们的工作已经呈现满负荷，即使加班也很难完成时，上司又下达了新的工作任务。

马琳达供职的公司向来以工作繁忙和快节奏闻名业内，许多员工不堪重负，抱怨连连甚至干脆辞职，但马琳达似乎没有这种困扰，当朋友问她是如何做到的，马琳达拿出自己的计划表解释道:"我会将上司安排的所有工作都记在这里,包括截止时间和每周需要完成的进度,当我的计划表已经安排得很满,而上司继续指派新的工作任务时,我会将这张计划表拿给他看,由他来决定到底要推迟哪一项工作,不过通常他会选择考虑将新的工作任务委派给其他人。"

我们计划表不仅能在全局上将时间合理分配,还能明确地展示我们当前的工作量,它能够证明我们不是嘴上说的很忙,而是在最大程度利用时间的同时,真的很忙。

无论如何,即使急事在我们最忙的时候出现,也要保持平静和专注,不要让急事打乱脚步,让自己陷入焦虑与混乱之中,否则,所有的计划安排、时间分配都失去了意义。

第四章 告别拖延,做个懂得自律的成功人士

▶

"天冷了,该找棉衣了。" "等明天。"

"要没柴火了,该劈了。" "等明天。"

"家里没米了,该买了。" "等明天。"

"屋顶棚漏了,该修了。" "等明天。"

那年冬天,大山里一户复姓"拖延"的人家冻饿而亡。据说,那家男主人的名字叫"明天"。

明日复明日，一拖还会拖

"明天"是一个很特别的词，它告诉我们"明天会更好"，却同时又蛊惑着我们"等明天再做"，它给我们产生希望，同时又拉扯着我们走向拖沓的深渊。

中国明朝有诗名为《明日歌》，诗中道："明日复明日，明日何其多。我生待明日，万事成蹉跎。世人若被明日累，春去秋来老将至。"

拖延并不是现代人特有的缺点，而是古今中外人尽皆知的问题。试着反观我们自己的生活，再回忆一下曾经定下的目标和梦想，到底有多少正在进行，有多少已经被拖延淹没，踪迹全无？

明明计划好每天早起十分钟背单词，但闹钟响时你却暗想："好困，再睡五分钟"；洗衣机里塞满了脏衣服，桌面上一层灰尘，你对自己说："到周末再一起收拾"；老板布置的工作任务，明明可以加快速度在当天完成，你却因为怀疑自己做不完，或因为当天太累了，决定到第二天早上再完成……

很多时候，我们明知自己需要完成一件事，心里却有个声音在说:"再等等,再等一会儿吧""等刷完今天的微博再开始""等玩完这局游戏再开始""等再休息十分钟"……那件事在那里等啊等,但我们刷完微博还有朋友圈,玩完这局游戏还有下一局,休息十分钟后又休息十分钟,最后干脆窝在沙发里睡着了。

我们似乎患上一种"不想动"的绝症,在需要展现果断的行动力时,我们却只想再等等,也不知要等什么,但这种等待让我们感到放松,甚至是舒适,让我们欲罢不能。

正是这样一种闲适的感觉,开启了拖延模式,更可怕的是,这种模式一旦开启,便大有不可收拾之势,拖过明天,还会拖过明天的明天,惰性在泛滥,而我们守着计划,苦笑自嘲。

拖延不是"我现在很累不想动"的正常现象,而是一种不良习惯。喜欢拖延的人时间观念通常很弱,能动性也表现得不够强盛,他们惯于将"或许""希望""但愿"这样的词挂在嘴上,一边当作心理支撑安慰自己,一边继续寻找浪费时间的借口。

面对工作,一些人喜欢说诸如"我希望问题能得到解决""但愿情况会好起来""或许明天能比较顺利"等看似积极向上、充满希望的话,不过仔细辨别就会发现,说这话的人并没有解决问题的诚意,而是将问题推给了"明天",他们不打算用"今天"的努力解决问题,而是盼望着通过时间的流逝,那些问题会自动消失。

这种习惯是可怕的，因为无论说了多少个"希望"和"但愿"，他们离目标的距离都没有变化，但时间和生命却在减少，"千里之行始于足下"，任何一个目标的达成，都需要抬起腿、动起手，踏实认真地一步步完成，只有如此，我们才能避免将原本不急的事拖成紧急事项。

那些"急事"都源于拖延

几乎所有的"急事"，都与拖延有密不可分的关系，尤其是那些让你手忙脚乱累到"痛不欲生"的"急事"，更是如此。

"因果"这个词很早便从佛教中流入日常生活，在大部分人看来就是"种瓜得瓜，种豆得豆"，但因果循环还有其更深的含义，它存在于世间万物之间，无论是"蝴蝶效应"还是"多米诺骨牌"，都展示着因果关系。这种循环只需要一个开始，就能引发后面的一系列事件，之后再反作用于开始，继续推进和强化，进入下一波循环。

很多人在执行计划时会看着每个事项的截止时间说："还有N天，时间还来得及。"这是拖延的开始，它足已吞噬计划表中的所有弹性时间，让我们变得狼狈不堪。

就算我们能熟练运用四象限法则，将事项以重要和紧急为标准进行区分，并按照轻重缓急的程度将它们列入计划表中，只要在执行中发生了拖延现象，那么之前的象限平衡就会被打破，所有不紧急的事件，都会变得紧急起来。

时间像一条流水线，每天需要完成的事项就像上面的产品，流水线不会停止，只会按照固定速度向前滚动，线上的事项一旦有任何一个出现延迟，都会导致后续事项的积压，打乱整个过程，最后让事项越积越多，让你越忙越乱。

我们可以用A、B、C、D代表分属于四象限的事项，A1、A2代表各个象限中的第一、第二个待办事项，这样我们就可以演示，因拖延而引发的恶性循环是如何发生的：

在我们处理A1事项时，因为拖延，耗尽了当月的弹性时间，之后我们开始处理B1事项，在B1事项的处理过程中，插入了C1和C2事项，C1事项被委托给他人，C2事项将被列入计划表，但此时计划表中已经没有弹性时间可供利用，于是只好将B1和C2事项共同进行，造成了B2事项的完成时间后延，侵占了本应用于处理B3事项的时间，导致B3事项开始过晚，令B3事项的执行计划在时间上非常紧张，同时，C3、C4等事项正在等待插队……

从此，争分夺秒、手忙脚乱的工作开始了！

不少人在放任自己拖延时考虑和衡量的都只有当下。比如眼下这件事的时间很充裕，眼下还没有出现什么问题，但无论是工作还是生活，没有什么事是独立存在的，它们会连续出现，一个跟着一个，有时是几个跟着一个，就像海边的浪花，一波过后还有一波，一件事没有按期完成，下一件事就会变得紧急，后面的会更加紧急。

当我们对时间管理不甚了解，或是对计划表的作用知之甚少时，"急事"的出现可能是源于我们的时间安排不够合理，或是因为对自己的工作没有进行系统的规划，但当我们拿着计划表，却依旧无法应付那些"急事"时，原因大概只有一个：拖延，让那些原本不急的事，也变成了急事。

昨天的事今天还没做，那明天也不会去做

当拖延症来袭，它的效果总是持续且漫长的，我们总能找到很多理由，比如工作太忙、身体太累、约了朋友吃饭、今晚有精彩的电视直播、之前读的书还有一半没有读完……这些都能成为不去做某事的理由，而且似乎都很合理。

一位哲学家认识了一名女子，那名女子热烈地追求着他。哲学家对女子说，他要认真考虑一下。之后过了很久，他一直在考虑和犹豫，终于，当他来到女子家，敲开大门表明来意时，女子的父亲冷冷地回答："你来晚了10年，我女儿现在是3个孩子的母亲。"

你大概也曾经因为迟迟没有表白，而眼看着心爱的女子成了别人的妻子，自己在婚礼上暗自伤怀；你大概也总为自己指定健身计划，比如"我必须去跑步了……下周再开始吧"，后来你都有了啤酒肚，也没去跑过一次；你可能还答应过孩子带他去公园玩，但到现在还没有去，你的孩子大概已经放弃等待，甚至不再相信你的承诺了。

每当我们翻看好友动态，总能看到他们发布的旅行照片，这会勾起我们想要出去旅行的念头，但我们真的每次都能说走就走吗？那些没有成行的出游，真的只是因为费用过高和假期太短吗？

四川的偏远地区有两个和尚，一个贫穷，一个富有。

一天，穷和尚忽然对富和尚说："我想到南海去，你看怎么样？"

富和尚问："你凭什么去呢？"

穷和尚答："一个饭钵就足够了。"

富和尚说："我多年来就想租条船沿着长江而下，现在还没做到呢，你只凭一个饭钵，怎么能做得到呢？"

穷和尚没再说什么，后来过了一段时间，穷和尚不见了。

第二年，穷和尚再次出现在富和尚面前，原来，这一年的时间里，他已经凭借着饭钵和双脚周游了南海。

任何外在的条件，都不如一颗想要实现目标的内心。只有当我们认真回顾那些曾经想做最终却没有做的事，才发觉自己的时间到底被拖延吞噬了多少。大部分人在意识到这个问题时都会安慰自己："没关系,昨天没有做的事,明天再做。"

这又是一个拖延的开始,当我们发现昨天的事没有完成,就应该在今天、当下即刻完成,或是马上将其安排在计划中,以便将它尽快完成,若是将这个事项从今天推到"明天",那么该事项在明天也不会被完成的可能性非常大。

那些被我们从昨天拖到今天,又从今天推向明天的事,当明天真正来临时,一定会被推向下一个"明天",因为"明日何其多",而我们的所有活动,都将在不断拖延中夭折。

强迫自己——克服拖延的法宝

既然拖延已经成为时间的大敌,那么如何避免拖延,或者说如何从拖延中拯救时间,便成了保持高效的重要问题,但我们真的清楚自己为什么会拖延吗?

一个日常工作中的例子惊人地展现了拖延症"不到最后期限绝不开始"的过程。

安迪的上司交给她一个任务,要她为公司下个月将要发行的内部杂志写一篇稿子,期限是一个月。安迪认为这件事简直是小菜一碟,最多几天就可以搞定,于是她没有马上动笔。过了半个月，安迪一笔未动，但看看时间还有十五天，觉得不需要担心；到时间只剩下三天时，安迪还没有意识到问题的严重性，她甚至还安慰自己说："只是一篇几千字的稿子，72个小时绰绰有余"；直到拖到最后一天，安迪的稿子还没有开始，她有些着急，决定通宵熬夜将稿子赶出来。

不过开夜车的结果并不理想，因为又写又改一直忙到早上，安迪去上班时感到异常疲惫，更令她头疼的是，她连夜赶出的稿子因不合格被上司退回，要求她必须在当天修改完毕。

为什么有些事我们在做的时候热情高涨，也能很快完成，而有些事做起来却显得拖泥带水、痛苦烦躁？比如阅读一本感兴趣的书籍，或是观看喜爱的演员出演的电影，都会让我们感到"停不下来"，但有些事我们却迟迟不肯开始，明知快要到截止期限，却依旧不能集中精力尽快完成，难道真的是因为忙？或是在遵循重要性排序原则？

你是否经常把"等一下""马上就去"挂在嘴边？这两个词可能是拖延界出镜率最高的开场白，它们的潜台词是"我知道那件事很急，但我暂时不想结束眼下正在进行的事项，或是改变目前所处的环境，我真的不想做。"

不过，我们真的是因为正在专心完成一件事，才会让另一件事"等一下"吗？我们饿着肚子工作到两眼发绿时，会对一顿美食摆手拒绝吗？当客厅里正在播放你喜爱歌星的演唱会录像时，你真的能忍住想放下书本从卧室出去的欲望吗？

坦白说，很多时候我们对自己说的那句"等一下"，并非是因为无暇顾及，而是因为我们对那件需要完成的事情没有信心、缺少热情，甚至是根本不想去做。

人们面对自己不喜欢或不愿意的事，都会下意识地进行回避，最常见的方式，就是将自己与那件事项的正面交锋无限推迟，直到再也不能拖下去为止。当最后的期限来临，我们才勉为其难地动手去完成它，而那种厌倦感，非但没有因为拖延而减缓，反而在拖延的这段时间里，被极大幅度地延长了。

既然拖延大部分来源于我们自身的惰性，以及对"无感"事项的任性排斥，那么我们为什么不能强迫自己尽快动手去完成那些事项呢？既然明知它们是无法回避的，何不将它们排在计划表的前列，在时间和精力都比较充足的一开始将它们全员击溃，给之后的事项留一片乐土呢？

我们毕竟不能完全按照自己的喜好生活，无论何时何地，都会遇到一些不愿意执行却必须完成的事项。当我们与这些事项狭路相逢，希望你提起勇气，先把它们干掉！

撸起袖子，完成那些拖了太久的事

"惰性"藏在每个人的潜意识里，仿佛是脑海中的"小恶魔"，不断教唆着我们"好逸恶劳""趋利避害"。当然，所有人都知道这样不妥，也会因此感到愧疚，当看到因拖延而导致的消极后果时，甚至还会信誓旦旦地对自己说"下不为例"。

不过，正是因为"惰性"藏在人们的潜意识里，所以拖延一直"屡错屡改不掉"，并且成功熬成了一名"时间惯偷"。从表面上看，它偷走的是我们的时间，但从时间意义上看，它偷走的是我们的生命以及全部财富。

当我们完成一项计划时，通常很难保证不受任何干扰和打断一气呵成，这些中途出现的干扰，很多时候会成为拖延的导火索。

最普遍的情况：无论什么事，无论它有多么困难，当我们热情洋溢地开始它，并保持这种劲头一鼓作气地推进，尽量避免停顿，到最后总能获得一个令人满意的结果；如果在完成事项的过程中，被其他事情暂时打断，只要能尽快将注意力转移回来，继续进行，也还是有80%的可能性获得满意的结果的。但是，当该事项因为进展不顺利，或是突然有其他事项插队，不得不暂时被搁置，那么它最后的完成情况将令人堪忧。

当然，被暂时搁置的事项如果在执行时较为简单，顺利完成的可能性会很大。如果这个事项并不轻松，甚至对执行人来说还颇有难度，那么当它被打断，再想进行下去就会相当困难。因为热情和向前的惯性已经停歇，此时需要一个比之前更大的力量来启动它，就像在物理世界中，将一个静止的物体推动，总要比让物体保持匀速运动花费更多的力。

因为畏难，我们会产生一种强烈的抵触情绪，将中途停顿的事项搁置在那里，不断拖延直到最后。所以，在时间管理学中，通常建议将那些重要的、有难度的事项安排在整段时间中，用最高效的时间段，解决那些棘手的"硬骨头"。

工作进程被打断是我们无法避免的事，对于那些因为中断导致拖延的事项，最明智的办法是在发现之后马上去完成它们。这需要一种雷厉风行的作风，就像一个人面对一栋尘封已久的房子，撸起袖子打算大干一场时的样子，我们的计划需要这样的魄力和行动力，时间和生命也需要。

为了打败天生相随的拖延症，你也许需要一些小建议，比如：

确定躲不掉的事，别指望逃避，因为等待和拖延不会让它变得更容易；

以"我马上去做"这类话作为口头禅，时刻提醒自己远离拖沓；

强制削减自己使用娱乐软件的时间，关闭非重要的聊天工具，避免注意力分散；

把待办事项罗列在笔记本上，完成一件划掉一行，时刻督促自己；

完成一个事项，可以适当对自己进行奖励；

记下每天已完成的事项，用成就感驱散引发拖延的消极情绪。

把你的时钟拨快五分钟，然后忘掉这个举动

在追求自律的道路上，除了"惰性"和"拖延"，还有一些隐藏的陷阱在等待我们。

有些人习惯把事情拖到"最后一分钟"，或者至少拖到计划表中的"最迟开始时间"，坚持这种做法的人还会振振有词地解释，说这样可以更好地集中精力，最大限度地提高工作效率。可是，为什么不能提前一些开始呢？还是因为"惰性"。

那么，就没有什么外部方法能有效地将人们的"行动起始点"提前吗？答案是"有"。

闹钟是上班族人手必备的东西，除了起床闹钟，有时还会设定诸如"会议""约见""电话"等行事与备忘闹钟，不过，虽然每天被闹钟叫醒，但我们真的懂得如何利用它吗？闹钟让我们告别拖延，开启自律且规律的生活了吗？答案是"并没有"。

每个睡梦正酣的清晨，赖先生手机里的闹钟都会按时响起，但他从未在闹钟响起时起床。他总是睡眼惺忪地滑动屏幕，将滑块拨向"再睡5分钟"的方向，之后倒头再睡5分钟。在赖先生看来，被突然叫醒后再睡5分钟能让自己更加清醒，但这样的结果是，他每天都慌乱地洗漱、穿衣，抄起背包冲出家门，以最快的速度下楼，快步走到车站，在公共汽车即将出站时跳上车。站在车上，他一边喘气，一边听着自己的肚子咕咕直叫。等他下了车，又直奔公司，勉强在迟到之前打卡签到，再饿着肚子开始一天的工作。

事实上，多睡的5分钟并不能让我们休息得更好，反而因为没有睡够，精神更加迷糊、困顿，并以忙乱和狼狈开启我们每天的工作和生活。正确的方法，其实是将家里的挂钟和手表调快5分钟，将闹钟设定的时间也提前5分钟，并忘掉这个举动。

当我们每次看到调快的时间，心里都会产生紧迫感，催促我们加快速度，当然，如果你对自己说"没关系，我的表快5分钟"，那么拨快时钟的举动将变得毫无意义，甚至会加剧拖延的发生。如果你觉得拨快时钟这种"自欺欺人"的方式意义不大，那么李嘉诚的经历也许是个不错的例证。

李嘉诚在14岁时因家境贫寒辍学，并且谢绝了舅父要继续供他上学的提议，到茶楼去做茶童。当时他每天工作15个小时，而且坚持将自己的表调快10分钟定下闹钟，因此，他总是员工中最早上班的一个。即使到了后来，李嘉诚的表依旧比其他人快10分钟，他将这个习惯保持了大半个世纪，得益于此，他从未耽误过开会，从未迟到过，从未失约过……

将时钟调快5分钟或10分钟，并不能让我们每天的时间变为24

小时5分或24小时10分，但这充分体现出我们对时间的态度，它简直是一道分水岭，倾向于将时间调快的人，通常都办事果断、效率极高，那些按照自然时间行动的人，通常时间观念并不很强，至于每天都要"再睡5分钟"的人，几乎都是拖延症频发的"重灾区"。

自己浪费的时间，哭着也要抢回来

人们常常无法严格而明确地掌握时间，不清楚自己完成一项工作需要花费多少时间，同样也不知道在特定的时间内能完成多少事项。相比那些被迫花费的时间，被自己浪费的部分显得更为可惜。关于浪费时间导致无法挽回后果的例子，影响范围最大最广的，当属"木匠皇帝明熹宗"。

明熹宗朱由校，父亲是明光宗，祖父明神宗。光宗在做皇子时，神宗不大喜欢他，因为不打算立他为太子，拖了很久才安排老师教他读书。后来光宗即位，大臣劝光宗为太子选老师，光宗却说不急，结果没想到他登基不久便驾鹤西去，十六岁的朱由校便登基成为明熹宗。明熹宗虽读书不多，疏于政务，却有一手精湛的木工手艺，甚至还自行研发了一种床板能够折叠的便携木床。就这样，他登基之后并没有抓紧时间补习，而是当起了木工皇帝，将政事委托给"九千岁"魏忠贤，导致政事混乱，国家陷入内忧外患的艰难境地。

作为一国之君，最重要的责任便是治国，历代皇子为了继承皇位，都需要进行系统、专业的学习，其刻苦程度自不必说，登基后日理万机的辛苦在史料中也能窥见一斑。明熹宗与历代皇帝相比，不仅"输在了起跑线上"，在之后也未能通过勤奋将时间补回来，虽身居高位却并没有完成自己的"工作"，而是沉溺于兴趣爱好，将本该用于政事的时间，荒诞无度地花费在"追随鲁班"的努力中，这大概是世界历史上对时间最大的一次浪费。

君主的错误做法总会带来严重的后果，而我们在日常生活中犯错，带来的后果有时并不明显，这让我们放松了警惕，以为很多事"也不过如此"。我们会在毫无计划的生活和工作中浪费时间，会在拖延中浪费时间，会因为自己的散漫和随意浪费时间，自然，我们有浪费自己时间的权利，但每个人都期望着能成为更好的自己。我们总要有所调整，有所改变，总该想办法将那些自己浪费的时间"追回来"。

待人固然要友善，却不能盲目随和，学着对那些随意占用自己时间的别人说"不"，是保护自己时间的基本条件；我们当然也应该学会放松和休闲，却不能纵情任性，学着在重要关头和那些容易沉迷的爱好上对自己说"不"，是抢救自己时间的必备能力。我们总在调侃地说"自己选的路，跪着也要走完"，同样，我们"自己浪费的时间，哭着也要抢回来"。

学会对别人说"不"

在我们专心执行自己计划的同时，总需要不时地应付来自外部的干扰，这些干扰有时是一通无意义的电话，有时则是一些"小事"上的求助。

人们会习惯将某件事委托给更擅长此事的人，比如希望一名专业设计师来设计自己的方案封面，或是希望一名文档处理高手帮自己制作PPT等等，同时，遵照成本最小原则，他们通常不会首选"外包"，而是将目光投向身边的同事和亲友，寻找最合适的帮手，这时，那些不懂拒绝的"老好人"，就成了免费或低价的"代加工者"。

对大部分人来说，拒绝别人并不容易，虽然自己手中有成堆的工作亟待处理，但一旦开口拒绝，就要承担失去友情、亲情甚至被人误解的风险，相比之下，利用自己的专业能力尽快解决求助事件似乎是更稳妥的选择。

乐于助人当然是一项优点，但人的精力毕竟有限，为了按质按量地完成自己的计划，有时我们不得不拒绝别人，以免影响到自己达成既定的任务和目标。

马瑞尔就职于休斯敦市一家保险公司。一天，他在一家咖啡馆里，用各种技巧向一名从事电脑硬件销售的客户介绍公司产品的内容和可观收益，他从当今电脑硬件市场上出现的普遍问题开篇，很快提起了客户的兴趣，两人交谈甚欢，并约定在下周的同一时间在咖啡馆见面，正式签订协议。

马瑞尔为自己的成果感到开心，他提前将材料和文本准备妥当，等待约定日期的到来。但就在那天早上，马瑞尔的主管打来电话，拜托马瑞尔去机场替他接一位同学。

马瑞尔犹豫了一下，但看看时间尚早，还是答应下来。没想到，那天从机场回来的道路严重拥堵，等马瑞尔开着车接人回来，再赶到咖啡馆时，足足迟到了一个小时，那名先前预约好的客户早已离开。

因为无法拒绝主管的私人请求，结果导致了工作和业绩上的损失，得不偿失。

为了保证我们的精力不会大量外流，我们只能拒绝他人，为了保持周围人际关系的和谐，我们需要有技巧地拒绝，这是一门重要的沟通艺术。

在答应别人的请求前，一定要问自己"怎么做才是眼下最好的选择""如果答应了是否会影响当前的工作进度""我是否愿意去做"。

一旦对方提出一些不合理或是我们不愿完成的请求，我们要如何拒绝？最好不要明确地说"不"，但一定要让对方明白你在说"不"。

比如，当对方向你请求A事项时，尝试转换另一件事回答，你的回避会让对方明白你不想应承此事；面对一些不好拒绝的事，可以先答应下来，之后自言自语地回忆自己最近的时间安排，或是"突然记起"还有一项重要事项，暗示对方你没有精力去完成请求事项。

我们身边的大部分人都懂得"知难而退""体恤他人"，若你感到为难，很多人都会收回请求，但也存在那些坚持要将一件事"塞给"我们的人，遇到这样一类"强加于人"的亲友或同事，不再与他们保持联络似乎也是一个不错的选择。所以，我们尽可以明确而强硬地说"不"，以免被强行委托一些根本不愿、也没有精力去完成的事项。

虽然身边的人和事占用了我们很多时间，但浪费时间的责任并不全在他人，学会拒绝别人的同时，自律也是相当重要的。

经常对自己说"不"

无法拒绝他人，导致自己的时间、精力大量流失，这件事看上去是他人的委托造成的，但究其根本还是由于我们对事项主次的区分不够明确，拒绝的谈话艺术不够熟练，或是缺少对人说"不"的勇气。

一部分人会承认自己"不懂得拒绝别人",而另一部分人却将责任推给他人,认为那些人占用了他们的时间和精力。从表面上看,这个解释当然说得过去,但当周围没有外力干扰,没有"不看情况"的委托请求,时间却依然在被浪费时,我们应该把责任推给谁呢?

无视自己的时间被浪费,就如同无视自己的生命被浪费,而这种浪费的罪魁祸首,正是我们自身的自律不足和拖延成性。那么,如何检测自己是否在浪费时间乃至生命?很简单,只要反思一下,自己是否有以下几种情况:

沉迷手机、沉迷游戏、沉迷酒精、沉迷追星、沉迷看电视及上网;缺乏激情,经常抱怨疲劳,抱怨生活乏味而无趣;经常和无聊且话题匮乏的人在一起,讨论的除了名牌商品就是家长里短;过着自己不喜欢的生活,但却因为不愿离开舒适的环境等原因,拒绝进行改善;对价值缺少判断,买无价值的东西,做无意义的事,从不思考和区分"需要"和"想要"的差别……

这些都是浪费时间的表现,无论是从表面上的"耗费时间在对成功无意义的事项中",或是深入到生命质量的"耗费时间过自己不感兴趣的生活",对爱好的任性放纵以及对现状的不作为,都在侵吞大量时间。

为了改善这种情况,我们首先要找到,到底是什么事造成了时间的浪费。

有些人喜欢看微博和朋友圈，有些人喜欢追剧，很多人喜欢打游戏，还有一些人喜欢什么都不做，只是坐在家里、咖啡馆或酒吧里发呆，这些活动大多能让我们感到舒适和放松，但长时间处于这种状态里，只会让我们的"惰性"疯狂增长，将生活变得毫无效率可言。

很多事我们明知道做了会浪费时间，却还是想做、在做，之后也还会继续，这种不自律的行为充分体现出我们对时间、生命的不负责任。

为了保护自己的时间，我们可以对别人说"不"，但这些被抢救出来的时间，并不是为了浪费在游戏、电视剧和无聊的谈话中，当天生的"惰性"驱使我们无限放松下去时，请敏锐地意识到这个情况，并拿出你全部的自律，对自己说"不"。

当你打开视频APP想要追剧时，可以把它关闭吗？当你的手握住电视机遥控器时，可以把它放下吗？可以卸载游戏，或至少限制每天的游戏时间吗？可以关闭那些只用于闲聊的聊天工具吗？可以不要在什么都不想买的时候去逛街吗？可以少喝点酒吗？可以关掉这局棋牌游戏吗？可以将每天对着镜子欣赏自己的次数降低到个位数吗？可以对自己严格一点吗？

为了自己流逝的时间和生命的价值，做一个自律的人。

美味的"诱饵",让自我管理更加容易

从出生开始,我们就在自律的道路上努力前行。在不想起床的时间起床去上学,为并不喜欢的考试埋头复习,因为出勤率而参加令人昏昏欲睡的会议,在筋疲力尽的下班时间督促自己再加班一小时,以便完成工作……

我们付出的努力令人既痛苦又感到骄傲,但这条路就像从不停止的传送带,强迫我们保持前进,因为"惰性"正等在后面,随时要吞没我们。"人类最大的敌人是自己",所有的努力和挑战,都是为了将自己改造得更为优秀和出色。

面对如此任重道远的漫漫长路,在看不到回报的情况下,人们很难坚持始终如一。

姜太公姓姜名尚,是辅佐周文王、武王的两朝功臣。没有被文王重用前,太公隐居渭水之畔,常在溪边垂钓。他钓鱼的方式很不正常,别人用弯钩挂饵料投入水中,等待鱼咬钩,太公却用直钩,不挂鱼饵,举在距离水面三尺高的地方,称之为"愿者上钩"。

姜太公的奇怪举动传到文王耳中,文王很感兴趣,派士兵和大臣两次去请,太公不予理睬,文王明白此人必是大才,便斋戒、沐浴、更衣,携厚礼亲自登门聘请……

"姜太公钓鱼，愿者上钩"历来是佳话，但这里存在着一个重要问题。太公钓鱼，渔翁之意不在鱼，而在王侯之间，所以"钓"上了周文王，如果他只是一位渔人，这样没有饵料的钓鱼方式，可以说是完全失败的。没有哪条鱼会高高跃起，扑向没有饵料的地方。鱼为饵死，鸟为食亡，没有饵食便没有动力，这个道理鱼、鸟和人一样适用。

试想一下，如果一件事我们很努力地去做，却收效甚微，甚至毫无成果，此时我们的信心、动力都会减弱，甚至萌生放弃的念头。无论在之前已经付出了多少，如果不能向目标迈进，就会沦为没有希望的奋斗，很少有人能毫不犹豫地继续下去。

自律也是如此，与其他目标和计划不同，很多时候我们努力地进行自律，效果却不能立竿见影，它和锻炼专注力一样，是一项漫长的、可能贯穿一生的工程。也许我们会在努力了一年后发现自己的效率在不知不觉间提高了一倍，但在这个过程中，我们该如何督促和鼓励自己？

工作令人头疼，放松令人愉快，为什么不能在休息日通宵玩游戏？白天的时间已经被老板占用，晚上回到家为什么不能抱着手机窝在沙发里，连看5集电视剧？为什么每天要那么早起，今天不去跑步不行吗？工作还剩一点就能完成了，为什么我现在不能给朋友打电话？为什么要那么辛苦地管束和规范自己？

当这些疑问纷至沓来,你还有信心坚持自律、坚持高效吗?如果没有,该怎么办呢?

自律而高效的你,值得被嘉奖

我们需要清楚的是,虽然按时起床上班、努力工作学习是我们必须完成的事项,但在这个过程中自律而高效的自己,值得我们为此骄傲。

学会自律,是从孩童蜕变为成人的重要标志。越是幼小的孩子,对自己的愿望就越执着,甚至会令人产生一种错觉,似乎全世界的人必须围着他的愿望打转,等到我们逐渐长大成人,对愿望的执着还在,但我们已经学会将它暂时放下或是努力克制,转而进行我们应该完成的事项。个人愿望不再是首要任务,是我们进入社会后必须经历的改变,毕竟,那些愿望很难与我们必须完成的事项统一起来,事实上,它们通常背道而驰。

我们可能无比向往在阳光炫目的沙滩上散步,却坚守在灯光冰冷的会议室里向投资方介绍公司的重要策划案,我们还想在大雨天蒙头大睡直到饿醒,却还是穿上正装,冒雨赶路,提前5分钟站在客户的办公室外,等待占用他半小时的时间进行新产品推介。

总之,我们清楚自己最想做什么,也清楚自己应该做什么,每一次的正确选择,都是在自律路上迈出的坚实一步。你应该为这样的自己感到骄傲，也应该明白，如此自律而高效的自己，值得被嘉奖。

这种嘉奖，并不是来自公司的项目分成、年度奖金、升职加薪，或是上司的特别青睐与关照，而是我们为自己准备的礼物。就像为滋养精神安排休闲活动，我们在自律上付出的努力，也应该由自己来奖励。

也许你会问，如果随意选择奖励，岂不是会背离自律的原则？

如果你已经习惯了自律的生活，你会发现它本身就能形成一种良性循环，我们在应该工作时专注工作，就一定会有时间用于休息，为自己准备的奖励也许很小，但一定会是我们最喜欢的。

自律带来了高效与专注，让计划表中的某个阶段性目标圆满完成，在制定计划时，为了应付突发情况，我们留出两天弹性时间，但因为高效，这两天时间并没有被占用，我们完全可以拿出一天时间做自己想做却没有做的事，以此作为庆祝。

这段时间里，你一定放弃了许多感兴趣却并不重要的事，比如去看一场你喜欢的明星演出或你喜欢的作品改编而成的电影，如果在庆祝那天它还没有下线，就请放松心情尽情享受；一些年近中年的人已经成家生子，不妨在庆祝时与家人一起度过，让家人分享你的阶段性成就，也能让他们了解你近期的工作情况和工作计划；年轻人因为忙于工作，常常会推掉一些好友之间的聚会，当你完成这一部分任务，完全可以借庆祝之名约上小伙伴们一起放松一下……

总之，为了庆祝自己自律而高效地完成一项任务，我们可以选择进行自己喜欢的活动，但前提是你要清楚，这只是一次犒赏性质的庆祝，庆祝过后，你将怀着轻松的心情和更好的状态重新投入工作，穿起自律的紧身衣，专注而高效地继续前进。

合理使用"诱导物"，让目标与愿望双赢

"如果你这次考试排名进入班级前十，就给你买这个汽车模型""如果你下次考试名次又提前一名，就给你一百块钱""如果你们家出得起50万彩礼，我就和你结婚""如果你今年春节带女朋友回家，我和你爸马上把这房子改成你名字"……

你们是否遇到过以上情况？当你们想要某样东西时，对方会提出条件，让这种索取和付出成为和交易相似的行为，这不是现代经济社会的产物，而是古今中外一直存在的现象。从中国历代战乱中的割地请和，到后来各式各样的战争赔款，以及中外都曾流行的重金悬赏、钱权交易，就连给小孩子看的童话里也写着"国王下令，谁能治好公主的病，就把公主嫁给他，自己死后还会将王位也传给他"。

到处都是"诱导物"，它们看上去很像"挂在驴子前面的胡萝卜"，吸引和驱使着人们完成那些条件和目标。"有偿"，让很多困难的事项得以解决，在自律的道路上也一样可以利用这个方式。

每个人都有喜爱和向往的东西，比如一次自由行、一块名牌手表、一个新款背包、一件首饰、一台最新的笔记本、本季度新上的一套时装、一款典藏版画笔和颜料、养一只宠物、换一套窗帘和地毯，甚至是换一套家具等。

许多人会在压力过大或心情烦躁时，都会通过消费来释放，上面提到的这些东西，很可能都是这样被搬回家中。如果有人质疑我们乱花钱，我们很可能理直气壮地反驳道："我辛辛苦苦挣的钱，不花留着干吗？"

不过，每次你打开储物柜看到的是，这件衣服是上次签单失败时买的；那条裤子是失恋时咬牙花高价买的；这个旅行箱是因为年终旅行名单上没有自己，所以负气买来自助游的；还有笔记本，是因为公司给新挖来的销售人员配了笔记本，你才……

真是够了！你用辛苦工作挣到的钱买了许多东西，但每一件都承载了一段不快乐的回忆，你花钱买回了一屋子的挫败。

为什么不试着改变一下，在感受到压力和挫败时用更有意义的活动释放和鼓励自己，将这些愿望清单留给奖励呢？

如果我们高效地完成了周计划、月计划，就买一份稍小的礼物犒赏自己，若是圆满地完成年计划，当然就可以满心欢喜地拿出早已留好的余钱，添置大件物品，或是找个假期，来一场说走就走的旅行。

当你身边的大部分事物，都是为了奖励自己某段时期获得的成果，那种油然而生的成就感，会为你其后的工作和生活增添无尽动力，将你的人生送上良性循环的金光大道。

给环境瘦身，召唤条理与高效

在本书第三章关于"生物钟"和"时间节奏"的介绍中，提到了环境节奏对每个人的不同影响。人类是社会动物，为了更好地融入社会，每个人身上都配有自我调节和适应功能，正是因为如此，环境对我们的影响才显得尤为巨大。

我们有能力适应新的环境，但同时，也可能被环境同化甚至腐蚀，"出淤泥而不染"与"落凡尘却不俗"的事例当然很多，但这通常需要更坚定的品格，花费更多时间和精力来抵御那些侵蚀，所以才会被人大加赞扬和传诵。

更为保险的做法是，选择或营造一个更为有利的环境，而不是让繁忙的工作和生活为自己制造困难，考验和磨练自己。基于我们天生的"惰性"，这种考验和磨练通常只会让自己在泥潭中越陷越深，而不会像我们预期的那样，成就一朵清莲。

一些倾向于唯心主义思想的人们会说，环境只是客观存在，真正重要的是人们的内心，外因通过内因才会发生作用。通俗一点说，即"虽然周围的环境脏、乱且差，只要人的内心热爱和追求整洁、干净，就不会被影响"。持有这些论点的人通常与那些信奉"扫天下何须扫一屋"的人有共同语言，却忽视了作为重要内因的"惰性"。当周围环境呈现出混乱、怠惰、消极等氛围，身处其间的人有三成会感到如鱼得水，四成会从不习惯到慢慢被同化，两成左右明知不妥却无法自律，只有大约一成人数能继续保持自己的整洁有序。

从表面上看，时间管理只是对个人时间的有效利用和管理，但如果没有一个精炼、整洁的环境，人们很难真正做到自律、高效，这些习惯都要在日常点滴中训练和培养，而人们周围的环境，是最重要的"培养皿"和"训练场"。

我们大部分时间都生活在一个嘈杂纷繁的环境里，身边诸事万物、人际往来，虽然比旧时代的繁文缛节简单很多，但仍然显得臃肿不堪，让我们很难在第一时间找到重点。杂乱的办公室里，到底哪个文件夹里的东西是最重要的？每天从进入写字楼开始相互寒暄的话，到底哪几句才是真正有意义的？

大量琐事淹没了生活和工作中的条理，成为中心线索上葡萄一般拥挤悬挂的"囊肿"，想要完全漠视它们是不可能的，但我们可以用重要和非重要的衡量标准，将日常生活中的"鸡毛小事"打扫干净，像为计划表"瘦身"一样，给自己的环境也"瘦瘦身"，善用技巧和方法，打造一个干净简洁、有助于我们集中精力的外部环境。

用简练的语言，中止无意义的闲聊

在日常的人际来往中，有一个词叫"寒暄"，字面意思为"冷热"，引申一些则为"嘘寒问暖"，这和英国人喜欢谈论天气、北京人喜欢问"吃了吗"是一个意思，都是为了用更友善和热络的方式打招呼。

中国传统中，人与人之间的以礼相待大多体现在对话上，这个传统至今还影响着我们的日常交流。比如表达上要含蓄，赞赏他人可以先抑后扬，受到他人赞扬时一定要自谦，给人提意见时要注意修辞，总之，我们非常注重语言艺术。

到了现代社会，交流变得更加简化，但依旧需要注意技巧，有效地协调与同事之间的人际关系，更好地完成工作。我们与同事进行必要的沟通时，通常会有寒暄的成分，比如向同事确认某项工作时，我们可能会感慨一句"今天突然降温，冻死我了！"你的同事很可能回答"对啊，幸好我穿了羽绒服。"这些话与工作没有任何关系，但如果没有这部分闲话，你与同事间的交流就会变得严肃且毫无人情味。

通过这样带着温度的谈话，人与人之间的心理距离会变得更近，这有助于我们更好地完成沟通、提高协作配合度，甚至可以适当排解各自的负面情绪，但当类似的聊天在时间和尺度上失控，并无限制地泛滥下去，就会造成大量浪费。

漫无目的的聊天永远不是主旋律，融洽的聊天只是一种调剂和沟通工具，而不是工作和生活的内容，我们应该用简练的语言替代没有意义的闲聊。很多人会错误地以为，在众人聊得火热时，提前离开或主动结束谈话是对其他人的不尊重，但请别忘了，浪费他人的时间才是可耻的行为。

通过讨论重点，适当简化沟通，能让我们节省许多时间和精力，但有时我们很难意识到自己的聊天正在滑向无意义。下面的方法能在一定程度上限定聊天内容，让沟通成为有效率的沟通。

（1）注意聊天持续的时间：即使与最要好的朋友聊天，通常也不会花费一小时时间，注意聊天持续的时间，不要因为太短而显得冷漠，也不要因为太长而变得啰嗦；

（2）注意场合是否合适：在工作时间尽量不谈私事，下班后不谈公事，如果对方很忙，最好不要打扰，自己忙碌时尽量不要参与聊天，以保证精神集中；

（3）注意聊天的地点：办公区、会议室等场所是专用于工作的，尽量不要在这些地方闲聊，如果想在公司闲聊，吸烟室、走廊、茶水间则是不错的选择；

（4）目的明确地开启话题：根据你要达到的目标选择话题进行交流，避免漫无目的地闲聊，直击主题，集中讨论，当话题结束，聊天也应当结束；

（5）礼貌高效地对待他人的话题：遇到他人展开的话题，礼貌而简明地询问对方的想法和意图，尽快进入主题并圆满结束聊天，如果是健谈的客人，最好选择站着接待他们。

整理东西，不仅是为了方便清洁

很多人习惯将东西随手乱放，之后再四处翻找，这会让周围的环境变得凌乱繁杂，我们有时会将这些事看成是细枝末节，并以工作繁忙等借口对它们视而不见。看上去，这种行为像一个只关注大事的成功人士，但深究起来，"一屋不扫何以扫天下"，一个人连身边环境的条理都无法维持，又怎么能在工作中做到严谨无误、有条不紊？

很多生活中的细节看上去微不足道，但正是这些"鸡毛蒜皮"的细节，最终影响着我们精心设计的时间管理计划。"惰性"让我们更倾向于散乱的生活，但条理性永远都是自律和高效的体现，它总能将你的生活和工作与"一团乱麻"严格地区分开。

小王之前在杂志社担任校对工作，最近他转行到一家公司作办公室文员，分管档案和资料归档。在小王看来，这份工作非常简单，他按照在杂志社时的习惯开始工作。

校对工作的任务量主要集中在出版前一周，每到那时小王的桌子上就堆满各种稿件资料，等到这一期杂志出版，资料就会被统统扔掉，正因为这样，小王养成了随手乱放东西的习惯。进了新公司之后，每次有人要资料，他都要在桌上乱翻一通，将桌面弄得更乱，但他并不在意，还很有自信地对同事说，资料在什么地方自己都记得住。

一直拖到周五，当小王准备整理和归档一周的资料时，领导却交给他一项临时任务。接下来的两个周五，小王因为各种原因，仍然没能完成整理工作，他的桌上已经堆满资料，每次翻找都需要花费大量时间。终于有一天，领导来找一份重要文件，小王把办公桌上所有的资料全部翻遍，也没能找到文件。

杂乱的办公桌和公文包，让我们永远不能在第一时间找到想要的东西，每天都有大量时间用于翻找。我们亟需整理资料、文件以及任何我们可能用到的东西，将它们分别归类，以便更加快速准确地找到所需物品。让整洁有序的办公环境，帮我们更好地集中精力、提高工作效率，让心情更加轻松愉悦。

整洁有序，本身就是一种高效的时间管理环境。为了创造和保持这种良好环境，我们需要进行不少努力。

（1）整理公文包：这是上班族的亲密伴侣，也是与商务伙伴见面时的第一张名片。一个正式、整洁、配备了纸笔的公文包，是体现严谨和条理的最好工具。

（2）整理办公桌：这是我们每天接触最多的环境。必备的摆设有电脑、文件夹、笔筒等各式办公用品，也有人喜欢摆放相框、玩物等，让办公桌变得更加个性化，但也会分散我们的注意力。不过，无论摆放什么，整齐有序绝对是排在第一位的。

（3）整理文件柜：这是文件和资料的储藏空间，相当于一个小型资料库。为了方便查找，我们需要定期整理文件柜，三个月内的文件放在上层，更早的装订成册，编制目录。

（4）整理办公室：我们每天的大部分时间都会在办公室度过，保持室内的整齐干净，不止是为了清洁，也为了让环境变得有助于提高工作效率。

只有将身边的语言环境、办公环境、生活环境"修剪"得整洁简单，我们才会有更多的时间和精力，去完成那些必须完成的要事。

第五章 清理生活死角,唤醒零碎的时间

远离繁忙的工作后,我们的业余生活无比自由,这让很多人放松了警惕,将手中的时间随处抛洒。那些被遗忘在角落里的时间就像硬币,不同的是,硬币一直都在,而时间过去就不再回来。在这个"用生命赛跑"的时代,对时间的任何浪费,都是一次无法挽回的错误。我们每天比跑在前面的人多浪费一分钟,一年就是六个小时,十年就是两天半,一生就是……

第五章 清理生活死角，唤醒零碎的时间

利用好零碎时间，就像在拼拼图

几乎所有行业的成功者都对时间非常敏感。

达尔文说："我从不认为半小时是微不足道的很短的时间，完成工作的方法，是爱惜每一分钟。"

大数学家华罗庚说："时间是由分秒积成的，善于利用零碎时间的人，才会做出更大的成绩来。"

历史学家吴晗说："要做时间的主人，妥善安排时间，即使是零星时间，10分钟、半小时也不轻易放过。掌握所有空闲时间加以妥善利用，一天学习一小时，一年就能积累365小时，化整为零，时间就被征服了。"

北宋文豪欧阳修更是归纳出最佳的读书场所，分别为"枕上、厕上、马上"，他将这个结论称为"三上读书法"，堪称利用零碎时间的经典指南。

我们每天的时间都会被各种活动占满，尽管活动很多，我们或多或少还是会剩下许多零碎时间，可能是5分钟、30分钟，甚至是几个小时，它们很容易成为我们在时间管理上的漏洞。在很多人看来，零碎时间没有利用价值，它不能用于完成重要工作，也不足已安排一次休闲活动，以缓解工作的疲惫和压力，那么，为什么还有那么多成功者在强调零碎时间的作用。

每个人的时间都是相同且固定的，同时代那些先于我们获得成就的人，总比我们更懂得利用时间，无论是大块时间还是零碎时间，都被他们充分地利用起来。

虽然我们的计划表足够周密，但依旧不能精确到分钟，为了留出处理应急事项的弹性时间，不可能将计划表排满，也不可能让一件事紧挨着另一件事，于是在计划执行时，大量零碎时间被剩下，如灰尘一般堆积在每天的时间角落里。很少有人意识到，当所有的零碎时间被集中在一起，将是一笔多大的时间财富。

真正了解时间管理的人，懂得合理利用零碎时间，并将它们逐日积累起来。反思一下自己的生活，在那些零碎的时间里，我们都做过什么？恐怕通常都是拿出手机，打开游戏或是社交软件，见缝插针地休闲一下，如果将这些时间集合在一起又会发生什么？会改变我们的人生吗？

从一般的经验上看，零碎时间可以改变人生，因为当大部分人在与整段时间斗争，试图继续提升效率时，你已经获得了比他们更多的时间。零碎时间堪称时间中的超车道，它足已让我们赢在时间的路上，我们需要做的，就是睁大眼睛，找出这些"超车道"。

睁大眼睛，将时间以分钟计算

训练对时间的敏感度，善于发现其流逝，是第一章就提到的话题。虽然每个人都知道钟表以秒为单位计时，但我们真的能感受到时间的流逝吗？如果以秒计算太短，那么分钟呢？我们留意过一分钟到底有多久吗？我们真的能将自己的时间精确到分钟吗？

你知道自己每天需要几分钟走到车站吗？高峰期的地铁几分钟一趟？平均每站花费多少分钟？在家里打扫卫生时，扫地花费多少分钟？擦拭灰尘呢？你每次洗澡需要多少分钟？你煮一壶水需要几分钟？现在大部分院线电影的时长是多少分钟？如果你经常出差，从飞机的出发大厅到安检厅需要走几分钟？火车通常提前多少分钟检票？进站和安检平均需要多少分钟？

对生活细节的忽略，对时间普遍模糊的认知，让我们既无法感觉到时间的流逝，也无法有效、迅速地利用每一分钟时间，那么，一分钟到底能做什么？

曾经，一个年轻人试图向本杰明·富兰克林求教。按照事先约好的时间，年轻人来到富兰克林家门前，却发现富兰克林的房门敞开，房间里乱七八糟一片狼藉，堆满了各种东西。这让年轻人深感意外，在他的印象中，富兰克林的家里应该和他本人一样严谨而有条理。

不等年轻人开口询问，富兰克林便向他打招呼，又带着歉意说："真抱歉，我的房间太不整洁，请你在门外等待一分钟，等我收拾一下你再进来！"说完，富兰克林轻轻地关上房门。

不到一分钟后，富兰克林再次打开房门，热情地邀请年轻人走进客厅。此时的客厅一改之前的混乱，变得井然有序，桌上甚至还摆着两杯红酒。年轻人非常吃惊，一时竟忘了自己准备好的那些人生问题，他跟着富兰克林走到桌前拿起酒杯，满腹疑惑地看着富兰克林对他举起酒杯说："干杯！现在你可以走了。"

年轻人一下子愣住，满是疑惑和尴尬地说："但我还没向您请教呢！"

"这些还不够吗？"富兰克林微笑着环顾房间，继续说："你已经进来一分钟了。"

"一分钟……"年轻人若有所思地重复着，忽然明白了富兰克林的意思。

在这个故事中，富兰克林正是用实际行动来向年轻人展示时间的意义，生命正是由一个个一分钟组成，一分钟可以做许多事，比如整理房间，也可以在不经意间浪费掉，就像那个年轻人进入客厅之后的一分钟。在这些时间内我们完成的事项，将累积成我们的人生成果，而那些被浪费掉的时间，就成了无法补救的"消耗品"。

我们通常会说"又过了一天",但很少有人说"又过了一分钟"。人们不习惯以分钟计算生命价值,当零碎时间以几分钟的形式出现时,我们时常不知如何利用,因为一分钟到底能发生什么事、能完成什么事,我们完全没有概念。如果你真的很好奇,那么可以去查询和尝试一下,一分钟到底能发生多少事,当然最恐怖的例子大概是,现代武器可以在不到一分钟的时间内,摧毁整座城市、国家,甚至星球……

像整理拼图一样统计零碎时间

作家歌德一生勤奋,共写下140多部作品,直到84岁临终前还在伏案写作。他曾在一首诗中写道:"我的产业多么美,多么广,多么宽!时间是我的财产,我的田地是时间。"歌德将时间比作田地,因为他在时间中耕耘,并有所收获。还有人将整段时间比作瓶中的大颗石头,将零碎时间比作细沙或是水,填满所有缝隙。

富兰克林曾经将整段时间称为"整匹布",将零碎时间称为"零星布"。完成计划就像是做一套衣服,能找到整块布料当然最好,但如果整料不够,就要想办法把零星布用起来,每天二三十分钟,零星加起来也会由短变长,最后成为"整匹布"。不过,我们现在很少再需要买布料做衣服了。利用零碎时间,有时变得更像是在玩拼图,每一段零碎时间都是一块拼图碎片,看上去无足轻重，但当我们耐心地将它们全部找齐，慢慢拼好，这些碎片会组成一张很大的作品，色彩斑斓，美轮美奂。

小刘是一名大学老师，她一直很想从事创作，却始终没有开始行动，因为她总觉得自己没有大块时间。

一次，她为了女儿的英语学习进行咨询时，一位辅导老师的话点醒了她。"你的女儿年龄有些小，如果参加辅导课程，恐怕不能长时间集中，其实这个年龄段的孩子学英语，并不需要大段时间，每天利用空闲时间练习，长期坚持，养成习惯就好了。"

小刘恍然大悟，想到自己写文章也可以利用零碎时间，于是她找到一个小本子带在身上，随时记下灵感，到晚上再把它们写出来，就算只有5分钟时间她也不放过。后来，她慢慢习惯了利用零碎时间，效率也有所提高，终于成功开启了自己的写作之路。

我们时常在忙于工作的同时，心心念念地盼望着有朝一日有时间去完成自己的梦想，却一直等不到那个"有朝一日"。事实上，整段时间总是众多事项争夺的"兵家重地"，零碎时间却被冷落在一旁，无人问津。

与其苦苦等待时间充裕的那天，不如别再拖延，从当下开始，抓紧利用每天的零碎时间，让自己与梦想的距离一点一滴地拉近，"不积跬步，无以至千里"，即使每天只能迈出一步，也总比守在原地日夜遥望叹息更加实际。

那么，制作零碎时间的拼图，有什么便捷的窍门吗？

（1）努力加快进入状态的速度，减少预热期耗费的时间；

（2）明确工作重心，尽量提高速度，因为没时间慢吞吞地按部就班；

（3）不要丢弃任何一块碎片，无论是乘车、上厕所或是睡前时间；

（4）认真计划，合理规划，对假期善加利用，除了每天的零碎时间，每年还有100多天的周末休息和法定节日。

那么现在，请睁大眼睛，在整段时间的夹缝里找出那些零碎时间，拿出你的认真和高效，用它们拼出一幅美妙的作品吧！

除了洗漱、穿衣，每天早上还能做什么

时间管理学认为，早上通常是一天当中最宁静、最不容易被打扰的时段，经过一夜的休息，我们的大脑清醒而活跃，是思考问题、整理思路的最佳时段，大部分需要备考的人都会选择将复习重点安排在早上。或许是因为升起的太阳和渐明的天色让我们产生了一种蓬勃生长的错觉，人们时常会在早上感到精神抖擞、干劲十足。

你和别人拼的不是时间，而是时间管理

工作日的早上，我们起床、洗漱、穿戴整齐、出门、吃早饭、去上班，每天如此。绝大多数人认为早上是一天中最匆忙的时间段，引发这种认知的原因很简单：有些人总是拖到再不起就会迟到才肯起床。所以，当我们试图规划每天早上的时间安排时，首先要确定自己不属于"再睡5分钟"人群。

有一些具备"百灵鸟型"生物钟的人，或是较为勤奋的人，会提倡在清晨5点钟起床。利用这个方法，大幅度增加可以支配的时间，在这段新增的时间内，我们可以进行如下事项：

（1）开展并追求新的目标：学习新的外语、考取各种执照认证等事项都需要利用整段时间，集中精神、不被打扰；

（2）有计划地阅读：阅读需要更为安静、稳定的环境，为了提升阅读速度，增加理解程度，选择在早上是很好的，至少不会让我们越看越困；

（3）用于运动：健康的体魄能保证更好的精神、更持久的精力和更强的抗压能力，绝大部分人认为运动有助于延长寿命，这无异于增加了自己的可支配时间；

（4）检查和完善计划：对前一天计划的完成程度进行检查整理，将当天的待办事项重新梳理，便于更好地开展当天的工作。

实践证明，坚持早起会将每天的可用时间延长一些，假以时日将会大有收获。不过，并不是所有人都愿意做"早起的鸟

儿"，那么，如果我们希望按部就班地起床，之后收拾停当，从容地去上班，在早上的这段时间我们还能做些什么？

我们先要确定自己每天花费在洗漱、穿衣等内务上的时间，之后是花费在路上的时间，只有了解每天在花费的固定时间，才能进一步考虑如何利用它们。

虽然晨间活动的时间并不宽裕，但进行几次伸展，深呼吸或是喝一杯温开水的时间还是足够的，新的一天即将开始，我们至少要在这个时段善待自己，以便能拥有一整天的好心情。

很多人在早上首选的事项是了解新闻，但这些对我们的生活来说并没有多大意义，我们用极佳的精力去关注它们，最后也只是成为电梯或茶水间里的谈资，如果没有从事相关行业，无论是美国大选、印度洪灾还是欧洲游行，对你来说这些新闻与一场普通球赛的比分没有两样，甚至不如当日的天气预报重要。

我们似乎已经习惯匆忙地度过早上的时间，但它们的价值绝不只是让我们变得清醒那么简单，那么乏善可陈。

每天早上的必备流程，你优化过吗

"每天早上你做的第一件事是什么？"

"起床？"

"不，是睁开眼睛。"

这段对话来自一篇脑筋急转弯，但这个问题值得我们深思：

每天早上我们做的第一件事是什么？我们在早上都做了什么？

为了让自己从睡眼惺忪变得仪表堂堂精神饱满，我们需要洗漱、穿衣，男性有时需要修理胡须，女性则更加复杂，有些甚至需要先洗头或洗澡，之后开始化妆和打理头发，男性平均需要半个小时就能收拾停当，拔脚出门，女性则通常需要一个小时左右。

每天重复着相同的事项，让我们的操作越发熟练，甚至很多时候都是在下意识中完成动作。不过，你认真地反观过自己的晨间行动吗？它们真的排序合理而科学吗？

大部分上班族都选择在外面吃早饭，这样会节省大约半个小时左右时间，不过这样做的风险是，我们有时不得不饿着肚子赶到公司，直接开始工作。

医生总会提醒我们认真吃早饭，但在这个快节奏的时代，想要吃早饭就要更早起床，有没有晚些起床也依然能吃到早饭的办法？答案是"有的"，不过需要优化早上的必备流程，还要预留出早饭时间。

我们每天在外面买到的早点通常是豆浆、干粮、牛奶、面包、鸡蛋等食物，你当然知道牛奶、面包和干粮需要从哪里购买，至于豆浆，几年前配有预约功能的豆浆机就已经问世，你大可以前一天晚上就将豆子放在里面，之后静待早晨的到来。

如果你不讨厌白煮鸡蛋，事情会稍显容易，通常煮熟鸡蛋的时间不会超过10分钟。你可以在起床后将炉灶燃起，下面注水煮鸡蛋，上面放蒸笼加热干粮，同时进行。在等待的时间里，你可以进行洗漱，之后倒出豆浆顺便清洗豆浆机，这时，鸡蛋和干粮差不多就可以出锅了。煎鸡蛋会复杂一些，因为需要花5分钟时间守在旁边，考虑到油烟问题，建议你在穿衣之前进行这项烹饪活动。

与牛奶、面包对应的设备通常是微波炉和多士炉，等待的时间可以用来洗漱、穿衣，你需要做的只是将牛奶、面包放入和取出，之后涂抹黄油或是果酱，用时不会超过两分钟。

以上是两种最常见早餐的制作时间和流程，事实上任何一种早餐的制作都不需要太多时间，那么，你为什么不愿在家里吃早饭呢？

除了搞定自己的早餐，早上还能轻松地为自己制定当日计划。一部分人会选择在前一晚制定第二天的计划，如果没有，利用早上的时间也足够完成这项任务。

在进行每天必备的日常流程时，我们的大脑通常是停滞不动的，不如利用这段时间，仔细考虑一下前一天工作完成的进度，以及当天需要进行的工作，这项脑力劳动通常只需要几分钟，相当于晨起后的脑力操，能让你的大脑尽快清醒，正常地运转起来。

需要注意的问题只有一个——无论你想利用必备流程中的时间做什么，每件事都不要耗费三分钟以上的时间，一旦超过了这个界限，拖延就会苏醒，为你送上一份上班迟到的晨间礼。

不是"起不来"，而是"不想起"

即使是面对"必备流程"这样的固定活动，我们依然能见缝插针地同时完成其他事项，从这个角度上说，唯心主义者的观点颇具说服力："只要想，没有什么是做不到的。"

就算早上的时间足够准备早餐，很多人也会选择不吃早餐匆匆出门，并不是因为没空，只是因为不想，比如不想自己动手，不想自己刷碗、刷锅、洗盘子，不想早起哪怕是一分钟时间。

关于早睡早起的益处已经无需再强调，但大部分人依旧盼望着每天能"多睡5分钟"。我们经常艳羡身边的人早起晨跑、早起读书、早起学习，自己却每天抱着枕头不想离开床铺，怎么也睡不醒。不过，在艳羡他人和抱怨自己的同时，我们认真考虑过到底这个差异的真正原因吗？

如果不需要加班，每天下班后，你是否不愿早些回家，而是热衷于参加各种应酬？是否喜欢参加晚上的酒局？就算早早回家，你是不是也更喜欢窝在沙发里或是躺在床上看手机、看电视剧和电影，或是聊天和煲电话粥，一边对自己说着"该睡了"，一边保持原状直到凌晨才睡？如果第二天恰好是休息日，不需要上班，你是否与朋友彻夜玩耍，或是与游戏中的队友一起等待日出？

以上这些行为，都是被称为"夜猫子"的夜型生活习惯，具有这类生活习惯的人，早起对他们来说是非常痛苦的。

根据研究表明，夜型生活态的最大极限是30岁，无论是因为过度加班，还是应酬喝酒，都会损害人们的身体，一旦超过30岁，人们就应该调整作息，告别夜型社会。

很多熬夜成性的人一旦想要过早睡早起的生活，最困难的不是早起，而是如何早睡。由于生物钟已经习惯了夜型生活节奏，想在22点到23点之间入睡几乎是不可能完成的任务，无法早睡就不可能坚持早起。不过，这并不能阻碍一个真正想要改变的人。

当莉亚被医生勒令禁止熬夜后，她的生活遭受了极大冲击。莉亚是一名自由撰稿人，多年来她工作的黄金时段正是夜间，她甚至不需要咖啡等提神产品，就能灵感爆发地写到凌晨三四点钟。严格的医嘱一度让她无法进行正常的工作，更要命的是，她即使服用安眠药，也根本无法按时入睡。

莉亚为此向她的一名从事健身行业的朋友求助，她的朋友并没有传授有助于睡眠的方法，而是建议她先从坚持早起开始。接下来的一星期，莉亚无论多晚入睡，都强迫自己在5点半起床，起初的几天她感到自己快要死掉，但很快，她的入睡时间开始提前，终于在十天之后，她成功地开启早起早睡的生活。

这是一个被证明有效的方式，如果无法早睡，就先从早起开始，只要坚持下去，我们总会做到，这是自律的体现，也是通向高效生活的捷径。因为早起，我们将比其他人拥有更多时间，生命便因此拥有更多可能。

你在等待，时间却不等你

无论我们将计划表制定和调整得多么细致，有些事依旧无法控制，就像不管我们多么守时、多么争分夺秒、多么有效率，等待还是会发生。

任何个人都会与周围环境产生联系，我们从来都不是在出演独角戏，也不可能将时间全部掌控在自己手中，每天需要与其他人配合的事项通常会占据30%之多，即使我们将时间精确到分钟，对方也将时间精确到分钟，等待依旧无法避免。

等待是一种痛苦，尤其是在我们忙得不可开交时，等待的每一分钟都是那么漫长而珍贵，它们永远无法被追回，成为计划之外眼睁睁的浪费，面对这种情况，我们内心的失望和挫折感将会无限增加。

从等车、等候起飞到等人，从银行排队、餐厅排队到交通堵塞，有时一天中，我们用于等待的时间合计起来会超过两小时，如果当天你要乘坐的飞机晚点，那么等待的时间将会大幅度增加。如果我们不能在等待时做些什么，之前的省时和高效都会变得失去意义，对时间的利用也会大打折扣。

很多人认为等待时间很难利用，因为不是时间较短就是事发突然，时间较短的如等位、医院排队、银行排队、约见时提前到达，在这些活动上花费的时间通常不会多于半小时，这段时间不足以完成一件事项，而一些时间较长的等待，比如飞机延误、接车时火车晚点通常事发突然，根本无法提前准备。

遇见这种情况，很多人都会烦躁而无奈地将等待时间随意打发，随意找到某件稍感兴趣的事，陪自己一起等。根据调查，70%以上的人会选择掏出手机，无论是音乐、电影、聊天还是游戏，总之随便用它做些什么就好。

很少有人意识到，等待其实是最好的零碎时间。当我们需要等待时，通常已经离开自己的办公室，身边没有同事或相熟的人，周围的一切都是陌生的，不会有突然的会议通知，也不会有人突然打扰，在等待结束之前，所有的时间和精力都可以为我们所用，将等待时间当作零碎时间利用，拼凑成可观的有效时间。

为了应对随时出现的等待，我们需要提前做些准备，比如将自己感兴趣或必须阅读的资料带在身上，这能保证我们随时都能找到需要做的事，而不是随意地打发时间。

当然，如果你真的觉得很疲劳，等待时间也能为你提供休息和喘息的机会。在这段时间进行放松，小憩一会儿或是闭目养神都是不错的选择。如果等待的地方没有座位，也可以选择一种平衡的站立方式，让自己全身放松下来，虽然在这段时间里你并没有进行高效的工作，但至少得到了休息和调整。

即使等待能成为难得的休息时段，那些公务缠身的人还是会选择尽量利用所有的等待时间处理事务，他们任何时候都不会放弃有效地利用时间，以便让自己能够完成更多事项。

等待时我们能做什么

当我们处于等待中，许多事项都无法进行，我们的计划表似乎暂时停歇，但时间绝不会停下等待我们，如何在行走的时间中更好地等待，成为一门既重要又极具个性化的时间管理"课题"。

不同喜好、不同岗位和不同工作内容的人，对等待时间的利用也不尽相同，唯一的共同点是，他们都将这段时间进行了最有效的利用。

一些通讯事务繁忙，需要经常拨打电话的人，会习惯在电话旁摆放一叠阅读资料，在等待对方接听电话时进行翻阅；一些经常出差的业务员甚至已经养成习惯，每次在下飞机去领托运行李的路上打电话，与客户进行沟通，等到电话打完，行李也出来了；面对频发的交通堵塞，一些人会将报告、行业报纸和杂志放在自己车上，遇到长时间信号等待和堵车时翻阅；还有许多人选择在车上阅读和处理邮件，因为邮箱里总有不少垃圾邮件，以及一些一两分钟就可以回复的工作邮件，当他们赶到公司时，邮箱里只剩下需要花费时间处理的邮件。

在医院、银行、其他公司等待时，阅读随身携带的资料，一定比翻看那些陈列架上的杂志、宣传和广告更有意义。毕竟，那些宣传小册子和产品广告，都是为了让访客对行业、公司与产品更加了解才印发的，大部分和我们的工作无关。

由于人们每天要在等待这项活动上花费大量时间，"等待时能做什么"的建议和指导，远比"零碎时间能做什么"更详细，比如：

（1）随身带本书看，即使只是感兴趣的小说也好；

（2）写点东西，无论是策划、方案或是感悟随笔；

（3）阅读和修改即将上交的报告；

（4）检查、处理邮件和信息，零碎的事用零碎时间解决；

（5）打电话；

（6）利用社交软件与相关人员进行沟通；

（7）对那些不太重要的文件、邮件和文章进行翻阅和速读；

（8）如果在旅途中看书容易头晕，可以利用录音进行学习；

（9）听音乐；

……

大部分人喜欢"做些什么"来度过等待时间，不过还有些更关注自身的精神状态，他们会选择用这段时间来"放空"自己，尽量不去想工作方面的事情，这种专注的休息通常效果很棒，不过，如果你即将面对的是很重要的客户、很重要的面谈或是会议，太过放松并不是一个好的选择。

还有一类人与公务缠身的上班族不同，他们从事的行业为设计类、创作类，搜集素材和激发创造力比抓紧时间完成一个报告重要得多。因为具备敏锐的观察力，这类人即使等在那里，表面上什么都不做也不会感到无聊，任何细节都能吸引他们的注意力：旅途中一闪而过的美丽景象，等待时从眼前相扶走过的一对老人……体验这些美妙的感受，他们的精神得到放松，同时也为接下来的工作搜集了生动的素材。

在等待时，我们完成的任何一个事项都会带来成就感，因为这些时间已经被认定会被浪费，此刻却发挥了作用，即使作用很小，累积起来也足已拯救时间，进而改善我们忙碌的生活。

有些工作不需要办公桌

许多人都会有一种错觉，认为只有坐在办公桌旁才算工作，或者说，只有在办公桌旁，他们才能专心工作。

这是一种典型的条件反射。由于大部分的工作时间都花费在办公桌前，办公桌在一定程度上几乎等同于工作，这对我们形成了极大的心理暗示，甚至对"坐在办公桌前"这个仪式产生心理依赖，最终导致我们一旦离开办公桌，就感到工作无从开展。

可是，当我们离开办公桌时，明明带走了大脑，为什么不能继续进行思考？

1914年，爱因斯坦应物理学家普朗克的邀请，回到柏林，担任威廉物理研究所的所长和普鲁士科学院院士，按照惯例，新院士需要登门拜访50位老院士。爱因斯坦听说心理学家施都姆普夫对人类空间学有所研究，于是决定先去拜访。

上午11点，爱因斯坦来到心理学家门前，女佣对他说："主人不在家，要留话吗？"

爱因斯坦答："不用了。"

说完他便踱到外面去散步，边走边思考问题，就这样过了三个小时。

下午2点，爱因斯坦再次敲门，女佣说："主人在睡午觉。"

爱因斯坦一点儿也不着急，转身离开，一边散步一边在脑海中进行自己的公式推演。

直到下午4点，爱因斯坦才走进心理学家的家门。但在等待的5个小时里，他的研究却一刻也没有中断。

当我们离开熟悉的办公室，无法再用办公桌来暗示自己专心投入工作，对零碎时间的利用能力便凸显出来，它决定了我们是否能在办公区域之外的地方高效工作。很多人都在用行动证明，只要愿意，只要方法正确，大部分的工作即使离开了办公桌，也能正常进行。

美国人琳达·迈尔斯有一家自己的顾问公司，每年大约受理130个案子，但她每年还会在各地旅行，很多时间都在飞机上度过。琳达一向认为，与客户保持良好的关系，是达成合作以及吸引转介绍的重要任务，但由于飞机上无法使用通讯工具，她开始利用这些时间为自己的客户写短笺，并且在下飞机后按照客户地址快递出去。这种带着手写温度的短笺很受客户欢迎，琳达自己也说："我感到无法自拔，因为这么做让我心情愉快。"

一次，当琳达下了飞机等候提领行李时，一位同机旅客上前与她攀谈："我在飞机上就注意你了，在飞行的2小时48分钟里，你一直在写短笺，我敢说你的老板一定会以你为荣。"琳达笑着回答："我就是老板。"

这位同机旅客先是惊讶片刻，之后笑着对琳达伸出手，问："那么请问，贵公司经营什么业务？我非常愿意与贵公司进行合作。"

没有办公桌，与公务相关的事项还是可以继续进行，这些时间虽然零碎，但依旧能为我们的计划表增添可观的力量，甚至还会带来意外的机会。

在离开办公桌的时间里，记得随身携带纸笔，如果这段时间持续的时间较长，移动电脑或平板电脑也是必备物品，这能保证你随时处在办公环境之中，当然，在书写不便或是遇到字数过多的信件、方案时，录音或语音输入也是不错的选择，如今的办公科技如此发达，你一定能找到代替办公桌的东西，让思考和工作照常进行下去。

别让空闲时间真的被闲置

空闲时间通常会被理解为"不工作的时间"，但事实上，夹杂在工作间歇里的比如零碎时间、等待时间和用餐时间，一样是"不工作的时间"，却不属于真正的空闲时间。

从时间管理的角度来看，空闲时间是那些"不需要工作"的时间，比如业余时间、节假日、偶尔出现的意外休息等，在空闲时间里，就算无所事事也不会有任何具体损失，不会被扣工资，不会被指责懒惰，因为这段时间是公认的"休息时间"。

我们不需要在空闲时间里完成某个事项，没有约束，没有要求，轻松无比，为了享受更集中的放松，大部分人的周末和假日都呈现一种无所事事、想到什么就做什么的状态，不仅毫无计划，当旁人试图指出这种行为是在浪费时间时，他们很可能还会理直气壮地反问："我好不容易放两天假，为什么还要那么累？"

因为脱离了高速高效的工作环境，缺少时间参照物，人们在任性休息时不会产生失落感，甚至还会对当下的悠闲与轻松异常享受。有时事后再回忆，才会意识到当天的生活缺少内容，而在工作日来临时，他们又转头抱怨工作过于繁忙，以至于根本没时间完成自己想做的事。

大部分人的生活都在"工作日很忙""休息日大休"之间循环，除了工作和工作后的休息，生活里似乎再也容不下其他事项，那些自己喜欢做的事，那些关于业余生活的蓝图，都因为没有时间而被永久地拖延和搁置。但无数成功的例子正在向我们展示，就算没有很多空闲时间，我们依然可以完成自己喜欢的事业。

威尔福莱特·康奋斗了40年，终于成为纺织行业的巨头。年轻时，他因为忙于事业，放弃了很多兴趣爱好。随着一天天变老，威尔福莱特悲哀地意识到，自己除了挣钱，竟没有其他乐趣可言，于是他决定开始学习绘画。

虽然工作依旧繁忙，但威尔福莱特坚持从睡眠时间里挤出一个小时来绘画。他每天在5点之前起床，绘画之后再开始一天的工作和生活。几年后,他的油画频频出现在画展上,几百幅作品被高价买走,后来威尔福莱特还多次举办个人画展,用卖画的全部收入设立了一项奖学金。

对于威尔福莱特来说,绘画的收入不值一提,能在工作之外进行自己爱好的事业,并获得成就,才是最大的快乐。

公务缠身的人也许一天只能抽出1小时来完成兴趣事项,一周最多不会超过10小时,不过大部分上班族每周都有大约40小时的空闲时间,分别是周一至周五的每天3个小时,以及周六周日每天12小时,但即便如此,很多人依旧不能有计划地进行自己喜欢的事,让空闲时间真的被闲置一旁。

一年中与手机搏斗的365天

自从人们的通讯方式从固定电话升级为移动电话,手机的发展和更新从未停止过,智能手机的功能不再局限于电话和短信,而是成为通讯设备与小型平板电脑的集合体,可以随时查阅新闻、登录任何网站、读书、游戏,以及进行社交。凭借便携与即时性等特点,手机已经成为个人移动办公以及娱乐社交的方便利器。

大部分人的生活都与手机息息相关,甚至很多人都活在手机里,人们在社交软件上发出的图片充分说明了这一点。我们也会通过这些渠道了解朋友和同事们都在做什么,并且借助手机与他们讨论事情、保持联络。

手机的利用率如此之高，由它引发的问题也接踵而至。最大的问题是我们对手机的过度依赖，很多人甚至患上"手机焦虑症"，其症状的表现形式有：总把手机带在身上，总出现手机在响的幻觉，晚上睡觉也开着手机，经常下意识地寻找手机，害怕自动关机，当手机无法连接和无讯号时产生强烈的无力感，甚至出现更严重的比如手脚发麻、心悸头晕等焦虑症状。

你是否在公司的重要会议中偷看过手机，而且不止看了一次？你是否只要手里没有工作，就想拿出手机来看看，哪怕在工作时间用手机是明令禁止的？你是否无论等车、乘车还是步行，眼睛都盯着手机？你是否每天一回到家就开始窝在床上看手机，一直到洗澡睡觉？你是否常常因为沉迷手机而忘记时间？

手机正在大肆霸占我们的空闲时间，很多上班族一旦告别当日工作，就会沉入手机的深潭，时刻不离。除了日常生活必须随身携带手机，有一些根本不适合手机进入的环境也充斥着它们的身影。为了将手机带入海中、温泉、浴室等地，人们会购买既防水又能感应触摸的袋子，甚至不考虑后果地将手机带入桑拿间等高温环境中，总之只要不被明令禁止，无论上天入地，一定要与手机生死相依……

在沉迷手机与高效生活之间，有着不可调和的鸿沟，我们必须努力让自己脱离手机的控制，才能拥有自己的生活。关于如何与手机搏斗，阻止手机抢走我们的时间，可以尝试以下方法，不过，怀着一颗自律的心依旧是制胜关键。

（1）别让手机轻易被拿到：将手机放在看不见或是必须移动才能拿到的地方；

（2）适时地关闭手机：在睡觉前半小时关闭手机，避免手机占用睡眠时间；

（3）定时检查社交软件：选一个时段集中检查，比如午饭或晚饭之后，而不是随时；

（4）给自己强制性要求：先完成计划再玩手机，并控制时间；

（5）将手机商务化：卸载游戏、购物、交友应用，只保留工作必须的应用软件；

（6）向日常生活转移注意力：多看书、看报，多关心身边生活，多运动；

（7）更换手机：如果工作允许，可以考虑更换非智能手机，让手机功能彻底回归。

享受空闲时间，但绝不浪费

空闲时间作为休息时间，最大的价值就是让我们的身体和精神得到放松，但放松的形式多种多样，效率和效果也不尽相同。

为了更好地放松，我们通常会选择自己喜欢的事，以松散的方式度过空闲时间，将这种行为看作是"张弛有度"，但从时间管理的角度来看，其中的大部分活动都只是在浪费时间，就算能起到放松和休闲的作用，也是低效型放松，比如玩手机、看电视、睡觉、打游戏……这种放松，通常不会为我们的生活带来价值，除了"放空休息"，空闲时间毫无意义。

一种更积极的休息方式是确立自己感兴趣的目标，通过精神上的极大愉悦与满足，达到整体放松的效果，这种带着目标和计划的休息活动，能保证我们在享受空闲时间的同时，尽可能有效地利用它们。

杜邦公司总裁格劳福特·格林瓦特对蜂鸟非常感兴趣，在繁忙的工作之余，他每天都会挤出一小时研究蜂鸟，坚持不懈。在这一小时里，他用专门的设备拍摄蜂鸟的成长过程，认真记录蜂鸟的特征和习性，并将这些一小时一小时积累起来的研究成果集结成书，得到权威人士的认可，他们将那本书称为"自然历史丛书中的杰出作品"。

著名作家霍桑在马萨诸塞州萨勒姆市的海关部门工作了许多年，虽然每天面对枯燥而繁忙的工作，但他利用自己的空闲时间写出4部小说，其中一本的名字叫《红字》。

20世纪初，数学界有一道难题，关于"2的76次方减去1的结果是不是质数"，很多科学家都在努力攻克这一难关。1903年纽约的数学学会上，一名叫科尔的科学家给出了令人信服的运算的论证。人们在赞叹之余问科尔："你论证这个课题花了多少时间？"科尔答："三年内的全部星期天。"

如果没有这些案例，也许我们永远无法想象空闲时间能产生的作用，在很多人看来，它们只是繁忙工作中一段短暂的休整期，就像海洋中的小岛，沙漠中的零星绿洲，在旅行经过时暂时的停靠，那么，如果我们从每座小岛上捡一块石头会怎样？在绿洲里摘下一片叶子呢？一块石头和一片叶子当然不算什么，但当我们的空闲时间足够多时，积攒的石块或许能帮我们在一个大型港口城市盖一幢房子，收集的树叶足够整理成一套标本册，成为一件难得的珍品被人收藏。

在进行一件事项时，我们很难准确预测这件事对将来产生的影响，那些利用空闲时间完成的兴趣和爱好，也许会在未来的某个时刻成为比工作更加辉煌的事业。我们需要学会在空闲时间里享受休息，做自己喜欢的、有意义的事，在得到休息的同时，为生活创造新的价值。

呵护自己，从正确利用时间开始

回到本书的最初，我们的生命由时间组成，如何利用时间，直接影响着我们的生命质量，也决定了我们未来将成为何种人。

无论是提前制定计划，还是将精力进行合理分配，时间管理的目的从来不是将每一分钟压榨干净，而是力求在保证高效产能的同时，兼顾建设业余生活。虽然工作占据着我们一天中绝大多数清醒时间，但真正对我们精神状态和生活质量产生影响的，是工作之外的空闲时间，这两个部分就像行走的双腿，一个在时长上领先，一个在重要性上占优，抛弃任何一方，生活都会失衡。

很难想象每天除了吃饭、睡觉，全部时间都用在工作上是种什么生活。工作狂的确是存在的，他们通常以自己的工作为荣，心甘情愿地将全部时间贡献给工作，甚至不会停下来让身体和精神休整一下。工作狂虽然能在短时间内攀登职场高峰，成为"业内最年轻的×××"，但连续几年的"过劳"使他身体透支，健康受损，通常在中年时便不得不放慢脚步，调整身体，并忍受病痛的折磨。

虽然大多数人都向往轻松舒适的生活，但我们很难真正享受那种"什么也不做"的生活，不用上班，每天晚睡晚起尽情游玩，做任何想做的事，拒绝所有不喜欢的活动。这种生活通常出现在剧情或是少数富家子女身上，由于无需考虑经济来源，这类人大部分会选择"什么也不做"，并在不断循环的无聊与烦躁中空虚度日。

大部分上班族都处在矛盾中，一边勉励自己要努力工作，一边希望自己能每天呆在家里，我们在不断摇摆中浪费时间，只有找到其中的平衡，才能让我们的生活稳定下来，更加高效地进入良性循环。

每个人在生活中都同时扮演着很多角色，职员、丈夫、儿子、父亲、某协会成员或是职员、妻子、女儿、母亲、某兴趣课学员等等，只有合理地分配时间，将这些不同角色扮演好，我们的生活才能和谐平稳。

如果忙于工作，疏忽了家人，我们的个人生活就会一塌糊涂；但若是被家庭生活缠住，就很难在事业和工作上有所作为，无论天平向哪个方向倾斜，承受辛苦和煎熬的都是我们自己。

"幸福的家庭都是相似的，不幸的家庭各有各的不幸"，只有合理地分配自己的时间，取得各个角色之间的平衡，才能让自己所处的环境和谐、高效，保证我们的情绪长久处于愉快、轻松的状态里，从容面对工作和生活中的挑战和难题，并在最大程度上维持健康，无论是在身体上还是在精神上。

为了实现我们在工作和生活上的目标，艰苦的努力和奋斗是必须的，但正确地利用时间，总能在高压的环境中为我们留下更多喘息的机会，并用更为积极的方式呵护我们的精神，进而保障我们的生活在良性道路上高速行驶。

感谢那些意外获得的时间

为了让制定好的计划顺利进行、如期完成，我们会事前准备如何预防突发事件、如何留出时间安排那些插队事项，而在执行中，我们会发现一些事项比之前预期的还要困难，而另一些却被高估，这让我们在实际执行时不断调整时间安排，而最大的惊喜，就是那些意外获得的时间。

顾名思义，意外获得的时间存在于我们的计划之外，没有被计划中的事项占用。它们有时是一场突然取消的会议，有时是提前完成的会谈，有时则是突然增加的假期。

一个周五的中午，你正为这一周没能完成的事项发愁，犹豫着要不要加班，同时又不忍心退掉周五晚上的演唱会门票，这时主管突然在小组联络群中通知取消周五下午例行的工作报告会，改用邮件方式提交，而报告会的时间足够你完成当周剩余的工作量，你是否会大喜过望？

一次，你动身去见一位重要客户，希望他能接受你的方案，将一张数额巨大的订单签给你的公司，你预计这次会谈需要花费半小时的时间，但没想到会谈异常顺利，对方提前看了你发送的邮件，对方案很满意，不需要再多费口舌，于是你只用了15分钟就愉快地结束了会谈，你在兴奋得意的同时，是否会考虑用省下的15分钟喝一杯咖啡庆祝一下呢？

你在繁忙的工作之余，一直在努力利用空闲时间看书复习，希望通过一项专业考核，这个专业和你从事的工作毫无关联，你只是单纯地对它很感兴趣。临近考试时，因为连续加班，你感到复习得不够充分，正在纠结着是否应该请假一天强化复习时，上司忽然在你的假期表上多圈了一天，并告诉你那天是老板给全公司员工的带薪假，时间刚好在你参加考试前两天，你是否会斗志高昂地从那天清早一直复习到晚上，并兴奋得仿佛自己已经通过了一样？

为了保证计划的完成和工作生活的高效性，我们总在留意时间是否被浪费与合理利用，却很少提到这些意外获得的时间。当我们绞尽脑汁想更好地利用零碎时间和空闲时间，突然因为某些变化，我们手中多出了一些时间可供自由支配，这会让我们产生一种满足感，仿佛这些时间是在每天24个小时之外的、被赏赐的时间。

如果得到了这样一些意外的时间，最好的处理方式不是用它进行休息，而是去做眼下最需要的事，或是解燃眉之急，或是圆多时之愿。当这些棘手的或是心心念念的事被完成时，获得时间的满足感将会大幅提升，让我们的精神沉浸在意外而来的幸福中，这绝对比简单的休息更为美妙。

从本质上说，意外获得的时间也属于零碎时间，但它带来的轻松和愉悦是其他时间无法比拟的，就像我们在拼图快要完成时，无论如何找不到最后一个碎片，当我们想要放弃时，却突然在某个角落偶然发现了它，它的加入，让我们的时间拼图变得更加完整。

时间自由的前提是健康有益

如果我们能自由地安排时间，你会怎么生活？会不会饿了才吃饭，困了才睡觉，躺到浑身发软才起床？或者，如果我们正在进行自己最喜欢的事项，会不会一刻不停？吃饭时在做，两天没睡打着哈欠也要做？我们会不会为了追求更高效的时间，强行降低和压缩时间，导致生活质量下滑，甚至搞坏了身体？

都说时间像海绵里的水，挤挤总会有的，但若是过度挤压，海绵也会被挤碎。我们每一天只有24小时可以支配，总会出现再也无法挤压和节约的情况，比如吃饭、睡觉、洗漱和上厕所等，由于这些活动维持着人体的正常运转，我们不能将它们省略，这些时间成为我们每天的"固定损耗"。

如果将人体比作一台不停运转的机器，饮食和睡眠就相当于保养，这些保养虽然需要一定的时间投入，但能让身体的使用寿命更长，可以支配的时间更多。

很多人在身强体壮时，为了工作分秒节约，不断透支自己的时间和健康，也同样透支着未来的生命，但我们的身体无法承受这种"节约",用这种做法获得的"效率"也得不偿失。很多人都在说"三十岁前拿命换钱,三十岁后拿钱买命",我们在年轻时为了工作拼命熬夜,又在"过劳"后服用安眠药抵抗严重的神经衰弱,一旦步入中年,因为透支引发的各种问题接踵而至,到那时再珍惜身体似乎已经太晚,很多人都会叹息是因为工作太忙导致作息混乱影响了健康,但很少有人真的意识到,一切过劳的开始,都是压缩那些"固定损耗"的时间。

我们会减少睡眠时间,因为要工作;我们会减少每天的用餐次数,因为要工作;每天洗澡过于浪费时间,就连上厕所时也在忙工作……

时间管理中有一个定律,如果我们为了完成某项工作拼命压缩时间,反而会降低效率,或是因出现纰漏需要返工,消耗更多时间。

国庆假期刚结束,公司事务堆积如山,技能考试也迫在眉睫,小云的生活节奏瞬间提速,恨不能将一分钟折成两半用,于是她开始大幅度地压缩睡眠时间,每天晚睡1小时早起1小时,依靠咖啡和浓茶提神。开始几天,小云的效率很高,但坚持了一周之后,小云有些熬不住了,她白天拼命工作,晚上挑灯夜读,整个人精神恍惚,错误频出,直接影响了工作效率。

为了保持长久的工作和生活效率,我们需要选择正确的挤压对象，留出足够的休息时间，才是真正健康、自由的生活。

我们需要维护和保持的每日"固定损耗"有如下几种：

（1）每天6到8小时的睡眠时间；

（2）一日三餐的时间，每餐不低于半小时；

（3）在相邻的两件事项之间，留一些应对意外的时间。

为了让生命健康高效，即使我们的时间完全自由，也请健康地规划和安排，毕竟，只有健康有益的生活，才能真正提升我们的生命质量。

第二部分
时间管理，助你搞定工作、学习、生活

一切理论只要离开实际，就像离开了土壤的花朵，失去生命的活力和价值。时间管理也是如此，它不是简单地将时间整合和利用，而是需要渗透入我们生活的点点滴滴，在每个早上醒来后，在每个深夜入睡前，实实在在地影响和规划着我们的生活，帮助我们在工作、学习和生活的多面体中行走自如，让我们成为自己时间、生活、人生的有力掌控者。

第六章 职场人士条理为重

▶ "人在职场，身不由己"，很多时候我们没有能力拥有自己的企业，或是在短时间内升迁到约束较少的职位，当来自上层的任务纷至沓来，职场人士最需要的是保持自己的条理，不要让自己的时间节奏失去控制。

预测能力：那些还没有指派的事，也有你的份

既然工作中有很多事我们无法决定只能执行，那么在它们来临之前做好准备非常有必要。

无论个人性格是急是缓，谁都不会喜欢手忙脚乱的状态。凡事具有条理，能让我们感到更加安心，就像知道洗好的衬衫一定会晾干，我们清楚地知道自己已经为某件事做好准备，只等它出现，就可以按部就班地处理和解决。

那些即将来临的工作，有时是明确的待办事项，可以写入计划表并提前为它们安排时间，但还有一些却是计划外的、临时增加的事项，若想为这类"空降事件"尽早做出准备，我们需要一种预测能力。

与这种预测能力最为相近的，是婴儿的预产期。即使是没有这方面经验的人也一定知道预产期的概念。了解预产期的好处在于帮助那些未来的准父母更好地做出准备，从定期检查以及严阵以待地呵护胎儿，到购买新的家具和婴儿用品，所有活动都围绕着这个即将见面的小生命进行。这种事前准备是必要的，虽然

医院会为新生儿提供必需用品，比如衣服、包被、奶瓶、纸尿裤等，但在缺乏经验的新晋父母手中总显得不够用，而这时，之前的准备就发挥了重大作用，也许购入的东西有一些最后被证明并无用处，但提前准备永远好过"这就去办"，它让我们的事项变得很有条理，也让我们更加从容。

除了新入职的员工和没有总结、归纳能力的少量"糊涂虫"，绝大多数职场人士都清楚地知道自己的工作范围、工作强度以及与自己工作相关的同事和部门，对工作范围的了解让我们明确自己需要完成的工作事项，对工作强度的掌握保证了我们能在期限内尽可能合理地计划和安排自己的时间，而对相关的同事、部门的熟悉程度，能让我们在接受工作任务之后，顺利高效地委派和完成任务中需要协作的部分。

"工作范围""工作强度"与"相关同事和部门"共同组成了我们开展工作的基础要素，而预测能力，正是建立在我们对这三要素的了解程度和相关经验上。

办公环境永远都无法封闭独立，那种没有八卦、没有流言、没有传闻的办公室，只存在于电影中的机器人世界，怀有交流欲望的我们很难保证在工作时谈论的全部都是工作，如果真的可以做到，这世界上专业精英和成功人士的数量一定会呈指数增长。

我们都处在这种相对独立但其实还是略显嘈杂的办公环境

里，无论是身处带有隔间的集体办公区，还是坐在独立办公室，那些关于公务的消息总能传到我们耳中，比如经理今天接待了什么要人、某部门的策划案得到董事会批准正在庆祝、小组里另一个职员的报告又被主管打回等等。

当我们接受到这类信息时，先不要忙着说"这和我有什么关系"，或是将注意力集中在不重要的细节上，比如那位要人的衣着是多么考究、某部门当晚的庆祝会打算吃什么，或是某个女职员的报告被打回导致当晚会有多帅的男人被放鸽子，这些细节与我们无关，但请一定要牢记，从自觉性和前瞻性的角度上分析，"那些还没有指派的事，也有你的份"，它们会真正影响我们的工作和时间安排。

如果那位小组成员的报告中有需要你完成的部分，或是你正在等待她完成手中的资料整理汇编，并用她完成的汇编填写业务报表，那么报告被打回这件事就会对你产生一定影响，你需要和她一起重做新的报告，或是耗费时间等待她先完成报告，再整理资料，考虑到可能产生的等待时间，你最好能有先见之明地将自己的其他计划提前，以免被那位可怜成员的进度一起拖下水。

至于那个策划案得到批准的部门，如果它恰好和你所在的部门或小组存在协作关系，那么恭喜你，当这个策划案付诸实践，你一定能从自己的部门或小组领到与它相关的工作任务，虽然你并没有被邀请参加这次的庆功会。所以，当听到与自己工作内容相关的小组或部门在工作方面有了新动向时，你真的需要严肃考虑"它和你有什么关系"。

对职场人士来说，上层的新增项目与决策调整绝对是最大的工作变动，约见一位重要人士，很可能会在企业当年的项目列表中增加条目，进而加重整个企业和所有团队的工作量，当然，也包括你的。所以，当你通过一些会议和上层动向，隐约察觉到企业可能要进行的大规模动作时，你最先要考虑的是尽快将手里的工作结束，至少保证绝不能拖延，因为不知在什么时候，"一大波僵尸"就会来袭，到那时如果你的手里还有很多棘手又紧急的事项没有完成，后果你是知道的。

所以，别再将注意力投入那些无意义的办公室闲谈中，也别再将自己完全封闭在办公环境里。为了不做"办公室小白"，我们需要像侦探一样从周围捕捉微弱的信息，成功推导出赋予条理性的工作计划。就算无法避免和阻拦那些"空降"事项，至少我们也可以在它们还在下降时将地面打扫干净，留出时间来准备与它们进行战斗。

时刻保持紧迫感，才能事半功倍

任何事物都是一把双刃剑，紧迫亦然。

过度的紧迫会损害我们的身体健康，精神也会在长期的高度紧绷中临近崩溃，但是，适当制造紧迫感，却能大幅度提升事项的完成速度。当我们产生紧迫感，大脑的集中程度会提高，相应地，手脚也会变得敏捷起来。一个最简单的例子就足以说明这点。

让一个人绕着操场奔跑一圈，如果没有任何限制和要求，只是跑回出发点即可，那么这个人很可能会选择自己最舒适的速度奔跑，呈现一种小步慢颠的从容姿态，轻松跑回，甚至没有大口喘息，但耗时也不会很少。那么，如果在他起步后不久，放出一条饿狼呢？当然，在城市里很难找到狼，尤其是饿坏的狼，那么如果放出的是如同真人秀节目里那样的抓捕者呢？答案很明显，那个人会奋力奔跑。

这就是紧迫感能够提升的速度和效率，当然，日常工作中既不会出现狼，也不会有抓捕者，但不断流逝的时间却比狼和抓捕者更加冷酷，它不会因一发子弹而停下，更不会被任何事物收买，这难道还不能让我们感受到紧迫吗？时间在前进，而我们的工作进展缓慢，如果不抓紧一些，很可能无法按期完成它们。

能做到"有事紧迫，无事放松"是件很难的事，那些作风拖沓、惯于慢吞吞做事的人总在放松，而那些性格火爆、向来雷厉风行的人总是无法休息，但在工作上，我们需要紧迫感，因为它不仅是一种行事上的积极情绪，更能让我们专注地投入工作，在很大程度上降低错误率，让能力得到最大限度的发挥，为工作的完美达成保驾护航。

关于紧迫感可以提升各项指标的能力，大部分人深有体会，但很少有人留意紧迫感在开始一件事项时的重要作用。

田径比赛中的短跑项目一向是大众关注的热点，尤其是百米赛跑，很多体育爱好者不用回忆就能说出男子百米赛跑的世界纪录和纪录获得者的名字，即使是那些对体育兴趣不大的人，有时也会被屏幕里观众和解说的热情、现场的紧张准备与奔跑时的全力以赴所吸引，愿意拿出短暂的半分钟时间观看比赛。

没有错，即使算上准备和鸣枪的时间，百米赛跑也不可能持续半分钟以上，百米赛跑成绩的世界纪录经过不断刷新，如今已经降低到10秒以下，而"起跑"永远是人们提到最多的词语，"第六道起跑慢了""看那个黑人，枪响的同时就已经窜出去了"。

百米的距离没有为运动员留下追赶和弥补的时间，如何在发令枪响起的瞬间第一时间冲出，并尽快完成从静态惯性到动态之间的转换，成为百米赛的制胜关键。当发令员举起枪，开始计数时，起跑线上的所有运动员都会收紧肌肉，蓄势待发，在高度紧张和兴奋状态里，他们就像一颗颗被困的炮弹，随时都能高速冲入跑道，完成比赛。

这种起跑要义同样体现在工作中，完成任何一件事项时，与我们赛跑的不是同事或竞争对手，而是时间，时间推动着最后期限匀速向前，而我们需要比它跑得快一些，或者，至少不能让它超过。

当我们接受一项新任务、开始一件新事项时需要热身，需要进入状态，需要让精力从静止到运动，而紧迫感能让我们随时保持在热身的状态下，就像一辆不曾熄火的汽车，任何时刻都可以疾驰上路，奔赴前程。

时刻保持紧迫感，让自己一直像高速陀螺那样旋转，从表面上看是一件相当辛苦的事，我们不可能每天24小时处在这种紧迫和高度集中的状态里，这正是时间管理大显身手的机会。什么时段提高效率，什么时候适度放松，用更短的时间打造更高的效率。

培养一种工作时的紧迫感，能让我们精神抖擞地进入工作状态，从初始那一刻起，更加专注、更加迅速，让交付给我们的工作任务既快且好地完成，让自己成为一个事半功倍、强干从容的职场精英。

"思维导图"和"备忘录"：坐着想，不如动动笔

"思维导图"又叫心智导图、脑图、心智地图等，近年来非常流行。从原理上说，"思维导图"是一种将思维形象化的方法，利用一个中央关键词或是某个想法，以辐射线的方式，连接那些由关键词和想法引发的、所能想到的所有字词、想法、任务、行为以及其它关联项目。

我们通常对文字不够敏感，但图形总能以最简化的形式和最高的效率让我们分析和记住一些事情，毕竟，眼睛是人类与生俱来的器官，但语言和文字却是后天学习而得，利用图形对大脑进行刺激，永远是最直接也最有效的方式。

我们的大脑收集了方方面面的资料，无论是感觉、记忆或是想法，任何一项都能成为一个思考中心，并向外发散出成千上万的关节点，这些关节点与中心连结，再形成成千上万个思考中心，继续以"放射性立体结构"发散，共同构成我们的记忆数据库。

普通人很少在思考时留意自己的思路变化，这些我们称之为思路的奇妙通道，能很迅速地从一件事联想到另外的、相隔甚远甚至看似不相关的事，只要有任何一点相关，我们的思路都会在几件事之间连成线，这种看似有线索可循，实际上却完全缺少条理的联想式思考，正是我们大脑最为惯用的方式。

从儿时的感性思维到慢慢学习逻辑思维的过程，并没有彻底改变我们的思维习惯，很多时候，我们发现自己无法连续地计划一件大事。从这件事开始不断向外延展的想法，最后总是会相互搅成一团，宣告无用，如果你试着将它们按照自己的联想顺序记下来，那将是一张写满零乱、跳跃思维的废纸。

不过，如果我们用科学的方法将这些思维画出来，情况就会有所不同，那些繁杂的、大脑无法兼顾并清晰梳理的想法，都能在图中紧密地围绕着思考中心，形成一个向外延展的树枝状图形，那时我们会感到脑中的零散想法已经被毫无遗漏地收入这张图中。

制作"思维导图"，你需要一张纸或白板，和几支不同颜色的笔，还有一个清晰明确的任务。一个简单的例子应该会帮助我们了解"思维导图"的妙用。

一星期后部门将组织一次为期两天的出游，地点定在近郊的一处休闲山庄，主管将组织和策划出游的任务交给了小李，由于出游涉及的人员较多，需要准备和安排的事项繁杂，小李制作了一张简单的"思维导图"。

中心是"部门出游"，接着向外扩展出各个连结，比如"人员""住宿""车辆""饮食""娱乐活动"；继续向细处扩展，"人员"可继续划分成"男""女"；"住宿"则划分为

"标间""单间";"车辆"有"部门车辆""私人车辆""租赁车辆";饮食分为"山庄提供""自行采买";娱乐活动则更为丰富,首先要分为"室内"和"室外",之后继续细化……

顺着每一条单一线索,小李很快画出一张详细却毫不杂乱的"思维导图",出游待办事项中有一部分需要提前准备,比如"采买"、联络"住宿"和"租赁车辆"等事项,小李都已经在图上清晰地标注了执行人的名字,并利用这张简洁细致的计划导图,在极短的时间内写好出游的计划安排,上交总管进行汇报。

围绕某个计划,无论我们大脑中闪现出多少方面,利用"思维导图"都可以清晰展示,并帮助我们对这些相互关联的事项进行规划和安排。面对越来越复杂的工作计划和涉及更多方面的项目协作,我们再也不需要枯坐办公桌前苦思冥想,试图以大脑的一己之力将所有细节思考清楚,只要拿起笔,简单地写和画,就能让一切都变得井井有条。

与高端的"思维导图"相比,"备忘录"这个存在了多年的办公小助手似乎逊色许多,但在日常工作中,备忘录依旧占据着重要地位。

如果"思维导图"是在事前制订计划时记录和整理思路,达到更完美的策划效果,那么备忘录的作用恰好相反,它是在计划中，为了帮助我们检查和核定已完成和未完成事项的重要法宝。

面对不断变换的工作信息与任务进度，我们的大脑根本不可能将它们全部记牢，更可怕的是，这些信息和进度每天都在变化更新。不过，当它们成为备忘录上的待办事项时，一切就变得简单许多，我们完全可以通过划掉和保留条目的办法，标示出近期的工作进度和接下来要进行的事项。

无论如何不要高估自己的大脑，虽然它非常优秀，非常灵敏，但坐着想总不如动笔记下来。无论是为了减少遗漏还是为了提高工作效率和准确率，"思维导图"和备忘录都是我们办公过程中必不可少的成功利器。

多轴检查：减少错误就是节省时间

任何工作事项的最终结果都不是迅速完成，而是在保障正确的前提下尽快完成。无论是报告中的正确数据，策划书中的准确报价，还是合同、宣传等印刷品中正确的公司名称、标准的行业用词，为了维护良好的企业形象，保持正常的工作推进，正确性都是被不断强调的重中之重。

你是否在确认对方身份信息时说错了对方的公司名称？是

否提供了有纰漏的基础资料，导致后续的计算数据全部要推翻重做？是否在每月上百条的待联络清单中恰好遗漏了一条很重要的订货需求？

　　我们的工作量巨大而繁杂，但依旧不能出现纰漏，因为任何一个错误都可能影响到整个项目的工期，任何一个看起来微不足道的纰漏都可能造成严重后果。

　　身为业务员的马克最近在一家健身俱乐部认识了一位客户，这位客户财力雄厚，并且正在考虑购进一大批办公产品，而这正是马克所属公司的主营业务，马克积极地与这位客户沟通，并承诺将以最优惠的价格提供最优质的服务。

　　一周后，当马克登门拜访时，那位客户很有礼貌地接待了他，但当马克提到订购合同时，那位客户却打断了马克。

　　"非常抱歉，马克，我很喜欢你，但我恐怕不会考虑购入你们公司的产品。"

　　"您能告诉我为什么吗？"

　　"因为我收到了你们公司最新的产品推荐目录，应该是昨天才刚刚整理好的，不过很遗憾，在一体式复印机的推荐语中出现了一处拼写错误。我相信这不是你的责任，但非常抱歉，我不能将订单签给这样一家公司。"

　　一个低级错误引发了一次决策改变，这样的例子比比皆是。

一些对正确率没有苛刻要求的人也许无法理解为何事情会变成这样，但从日常生活的角度试想一下，如果一天我们去食堂吃早餐，却发现配餐员将盐当成糖撒入你的豆浆中，或是当你收到一名翻译工作者的求职信，信中却将自己参与翻译著作的作者名写错，你会不会觉得他们不够专业，不值得信任？答案是大概会的。

所以，为了提升工作效率，避免可能引发的问题，我们需要减少错误，以此来减少时间，并表现出"更强的工作能力"。

导致错误的表面原因有很多，比如工作繁杂、时间过紧，但根本原因都是我们的专注程度不够、没有进行检查或是检查方式不够科学。

现代社会分工明确，企业和公司在完成某个大型项目时，公司内部的员工合力构成流水线，每人负责一部分，之后转交给他人，这种业务上的精细分工让效率和产量大幅度提高，但也在很大程度上破坏了任务的完整性。我们再也不会从一项工作的开始，一直忙碌到将它完成，但我们手中会同时有几个甚至十几个任务，分别属于不同的项目和方案，它们混杂在一起，让我们的工作很难保证条理性，在这种杂乱的情况下，错误也悄然而至。

为了不至于遗漏事项导致更大的问题出现，我们应该养成定期检查的习惯。根据我们的计划表和备忘录，检查是否有事项被遗漏。考虑到事项繁多，单一的检查很可能无法发现问题，经验人士推荐了"多轴检查法"。

"多轴检查法"是以不同的参考条件对自己工作范围内的事项进行检查的一种方法。由于每个工作事项至少具有两种或两种以上要素,"多轴检查法"完全能做到对我们的工作内容进行全方位立体式地检查。

首先,我们需要参照自己的计划表,以时间为轴,从头至尾地检查自己的工作进度,核实待办事项是否已经完成,之后的检查,会依照每个人的工作内容,以及不同的清单分类习惯进行。

一位秘书的第二轴向检查可能是领导的"发言稿准备",策划部门的职员第二轴向检查可能是几个同时推进项目的"策划报告",采购人员会有一份"季度采购计划",销售人员除了"新产品推荐客户名单",还可能有"未收回货款客户清单",根据不同的工作内容,利用自己工作范围内的专项计划表进行核查,使我们更容易发现还有哪些待办事件躺在清单中,没有被清除干净。

尝试用多种角度、多个计划对自己当下的工作进行检查,并不是在浪费时间,恰恰相反,这个行动将会从那些疏忽和错误中拯救你的时间,将有效的时间全部投入待办事项中,而不是浪费在频繁的补救和返工。

巧妙兼顾上司的突然"干扰"

所谓的"身在职场不由己",通常来自很多方面,比如与其他同事工作上的协同关系、私下里的人情礼往,如果我们想让自己所处的环境更加轻松、和睦,这些关系是无论如何回避不掉的。

就算我们认真研究相处的艺术、沟通的艺术、协作精神的培养技巧,有些事依旧让我们感到身不由己,那就是我们的上司。

"顶头上司"的称呼总透着一种"县官不如现管"的无奈,上司的职位各异,可以是主管、经理,也可以是董事长、总裁,职务高低并不重要,重点是他们的职位比我们高,在工作上直接领导我们,并能向我们发布命令。

很多职场人士会抱怨自己的上司不够"体恤民情",但很少有人想过,除了董事长和总裁之外,身为你的上司也过得不大容易。任何一名中层管理者,都是上层领导与底层员工之间的"桥梁",当然,"桥梁"只是一个体面的比喻,你的上司有时更像一只钻进风箱的老鼠——两头受气。

我们的上司可能是一个小组、一个部门、一个项目,甚至一个工程的负责人,他们需要负责手下所有职员的业绩,接受上层的评估,而当来自上层的决定转化为工作量落在执行员工眼前,他们通常还要承受底层职员的抱怨和不满。

当然，职场中确实有不少上司并不了解职员的工作情况，只通过报告了解工作进展，却极少通过观察掌握职员的工作强度。他们极有可能在一周前刚刚交给我们一个需要三周才能完成的工作，接着又在四天后忽然发现还有一项任务想要我们完成。

小安在公司的研发部工作，每天除了要整理大量资料，还要负责与其他部门沟通和交接，虽然工作事项每件都不大，但数量却很多，时常让小安感到头昏脑胀。

一天，小安正在处理一封标明"当天回复"和"重要"标签的邮件，一名其他部门的职员需要小安提供近三个月以来关于网站建设方面的技术资料，小安正埋头整理，主管打来电话，要求小安根据录音整理上午研发会议的内容。一边是需要"当天回复"的"重要"内部邮件，如果没有"当天回复"，对方可以以影响进度为由直接向小安的主管进行投诉，但另一边主管的指示要如何拒绝？无论选择哪一方，似乎都逃不过主管的批评。

来自上司的干扰通常最难控制，在处理上也最令人头疼，因为我们既不能拒绝也无法回避，甚至还要"心甘情愿"地将时间让出来。

有些职员在被上司召去时，会特意带上一件与待办事项有关的材料，比如需要检查的报告草案或是需要阅读的资料等。如果需要在上司打电话或是处理其他事务时等待，他就会抽空处理它们。这样的做法能在一定程度上提醒上司自己的工作很忙，进而缩减一部分谈话和布置工作的时间。但这种做法只能减少上司占用的时间，并不能改变上司在你已经满负荷时继续向你委派任务的状况。

我们必须与自己的上司建立起有效的沟通，让他们清楚地知道你的工作目标、工作进度，用自己高效的工作计划向上司证明你真的没有余力再去接受新的工作任务。只有知道了你的工作情况，他们才可能考虑不增加你的计划外任务，或是尽量少干扰你的工作。

我们中的很多人都不喜欢与自己的上司沟通，但主动约见上司是一项非常聪明的举动，能让我们在时间和计划上化被动为主动。事实上，如果我们主动汇报工作进度，主动请求下一步的工作指示，上司会非常高兴，在让上司了解工作进度和强度的同时，也为我们争取到回绝委派新任务的机会。

如果以上这些委婉的方式还没有来得及使用，你的上司就已经出现在面前，下达了新的工作任务，那么，衡量你当前正在执行的工作的重要性和紧迫性，并明确地向上司询问新任务的时限。

虽然上司通常习惯对我们下达"尽快完成"的指令，但有些事项并不需要"马上完成"，上司只是希望我们更快地完成事项，以免给他的计划表造成拖延。如果你正在完成的事项真的又急又重要，请明确地告诉你的上司，并与他商量，比如"我刚刚收到一封邮件，必须在今天处理好，我想我可以在下午三点左右完成它，新的任务可以在三点之后开始吗？"

如果你对时间的掌握非常准确，而这件新的事项又并非必须当天完成的话，上司通常会同意；如果这件事真的不能等，上司在了解到你的工作情况后，自然会比较两件事项的重要程度，很快做出决定，并向其他人负责进行沟通与解释。

第七章 管理层高效至上

无论哪个层级的管理者,其行使的基本职能都是组织、计划、指挥、控制和协调,当然,层级越高,其履行职能的范围就越广。由于管理者的职能并非产出,所以如何有效地对下层进行管理,使整个团体保持在高效的状态里,是管理者们最重视的任务。

预测和预定，让管理更轻松

基层职员的本职任务是完成产出，而管理层却需要考虑整体，无论是高层管理人员，或是基层管理人员，都要将自己带领的团队当作一个整体考量，做出正确的决策。

正是因为管理层需要负责整个团队的效益，所以才更需要长远的目光，其长远包括对团队成员的选择，以及对团队未来的规划。

虽然管理层分为基层、中层、高层三种，每层负责制定的决策和影响范围不同，但从根本上说都需要一定的预测能力。

这种预测在高层管理者身上体现为对企业整体发展的前瞻性，包括环境、市场、相关政策与行业竞争状况等。为了企业能在不断变幻的大环境中持续发展，走在时代风头的前列，而不是落入下风，在勉强维持企业运转的同时吃力地追赶其他企业，拾人牙慧，高层管理者必须随时保持机敏的洞察力，以便带领整个企业立于不败之地。高层管理者在制定决策时，通常非常慎重，因为他们做出的任何一项决策都有可能影响整个企业一年甚至几年内的发展方向，进而改变所有管理者和基层职员的工作重点。

中层和基层管理者的预测能力，通常表现为对上层管理者决策变化的敏感度，正是因为上层管理者决策上的调整大幅度改变下层执行者的工作内容，这种预测能力才更为重要，它可以给中层和基层管理者留出准备和安排的缓冲地带，而不是当决策的调整临门出现时，手忙脚乱地开始领会精神，再急三火四地向下委派调整后的工作任务，让团队内的所有成员一起团团转。

可以说，对短期或长期状况的预测是管理者的必备能力，正是因为有这样的能力，管理者们才能在团队中担任"领头羊"的作用，不断根据具体情况对自己的团队进行优化，使团队的效益得到最大限度的提高，并始终保持在正确的队列中。

对外的预测力，能让管理工作更轻松，但由于管理层特定的职能和权限，我们总会受到各式各样的打扰，不断有职员来提交计划、汇报工作、请求指示，同级管理层也会提出协作请求与交接反馈，与埋头于具体事项的基层职员相比，管理者的时间更加零碎。

小C由于出色的业绩与沟通能力，刚刚被提拔为一名基层管理者。上任不到一星期，他就开始怀疑自己的能力。与之前不同，小C发觉自己忙得焦头烂额，就算每天加班也无法完成自己的工作，他每天都忙着接听电话、安排任务、应对下属的请示、向上层请求新一步指示、回复大量邮件等，他总是对着眼前堆积的文件束手无策，放在上面的那份文件是目前最重要的，但压在下面的文件是五天之前的，到底要先处理哪一项？

大部分管理者都面临着来自上层和下层两方面的压力，而下层的打扰成为管理者完成工作的大敌。不过，很多顶级管理者正在宣传与奉行"欢迎打扰"策略，通过敞开大门，随时欢迎下属打扰，以便更及时地了解他们的想法和工作进度，做到真正意义上的"管理"下属。对于这种敞开大门的管理方式，他们的解释是这样的："我的工作就是与职员沟通，与我的老板们沟通，与我的客户——市民们沟通。四处走动，摸清方方面面的底细正是我的职责所在。"

不过，如果我们手中真的有很重要的事需要处理，无法随时敞开大门，还有其他办法可以为自己留出一段不受打扰的时间。比如，当你不想被打扰时，可以选择关上办公室的门，这时，下属通常不会贸然进入，除非特别必要。另外，你也可以考虑以制定计划的方式将自己的工作事项进行预定，以确保它们留出足够的时间，比如明确地将下午的会议定在两点开始，并告诉出现在你办公室门口的下属，你会在下午四点时结束会议，他的事留到四点时再谈。

作为管理者，我们大多数人都需要兼顾上下两方面的需求，但同时也拥有一定的决定权，妥善地运用这些权利，为自己留出必要的时间，以便保证工作不会手忙脚乱、毫无头绪，只有这样，你才能轻松地胜任这项工作，并保证整个团队能够高效、有序地完成工作。

激励员工，将个人业绩转化为团队效益

个人的能量永远是有限的，"浑身是铁又能碾几颗钉"，再有能力的人也无法与一个成熟的团队抗衡，因为"团队"才是目前所有组织中最高效的一种模式。

1994年，"团队"这个概念被首次提出，组织行为学权威、美国圣迭戈大学的管理学教授斯蒂芬·罗宾斯将"团队"定义为"为了实现某一目标而由相互协作的个体所组成的正式群体"。自从"团队"概念逐渐被行业和公众接受，管理者这个职业名称便应运而生。

"团队"重在合作，所谓团队合作，即将擅长不同技能的人才集中起来，进行精细分工，多管齐下，共同合作攻克难题。虽然每个人只承担自己最擅长的那项工作，但因为人才多样，取长补短，工作流程得以优化，在节省时间的同时大幅度提高了效率。

不过，每个人都是独立的个体，在个人主张、思考方式与行

事风格上都各不相同，有些人的个人目标甚至会与团队目标产生冲突，当这些在工作上必不可少、在性格或作风上却毫无关联的一群人聚集在一起时，如何管理和协调他们，就成了管理者不可推卸的任务。

　　管理者在对团队成员进行组织、指挥和协调时，需要充分考虑每个人的不同情况。因为此时，你的价值已经不再取决于个人成绩，而是来自并依靠团队中每个成员的表现。作为管理者，就像我们学生时代的班主任那样，必须了解下属的不同特质，"因材应用"，挖掘他们各自的潜能，引导和帮助他们避免同样的错误。

　　不少管理者在初入管理层时会出现一种自我价值缺失的感觉，之前只要高效准确地完成自己的工作任务，就可以说在工作上取得了成就。但现在，他作为管理者的意义何在？成就又将如何衡量？事实上，管理者发现人才、培养人才，本身就是一种成就，管理者正是通过授权，利用他人的智慧完成自己的工作。

　　整个团队中，个人业绩意义重大，只有个人业绩得到提升，团队效益才会增长。如何激励每个执行者，调动他们的积极性和能动性，永远是管理者最重要的任务。

　　有"石油大王"之称的洛克菲勒一向对经营理念与管理授权非常注意。

　　在使用人才时，洛克菲勒有着极强的原则性，他既能谨慎考察，又能大胆用人。为了谨慎起见，洛克菲勒往往先将一项具体任务交给对方，如果执行者能负责而保质地完成任务，他便会给对方极大的信任，不再过问细节和方法。洛克菲勒认为，执行者只有充分地发挥自己的个人能力，主动完成工作，才能达到事半功倍的效果。

在进行南北项目投资时，洛克菲勒那个才华横溢、所向披靡的合伙人爱德华·贝特由于信息失误，导致了一笔生意惨败，损失高达100万美元。

对此，爱德华非常愧疚，当他压力十足地将这个失误告诉洛克菲勒时，洛克菲勒却带着真诚的微笑夸奖他说："不错，非常好！能保全这么多已经难能可贵了。全靠你处理有方，我们的损失才能降到最低。这已经远远出乎我的意料！"

洛克菲勒并不是在说客套话，因为紧接着，他又向爱德华委派了其他地区的投资项目，丝毫没有因为那次失误质疑他的能力。这份带着信任的授权让爱德华放下了心理负担，在后来的工作中，他用自己的全部感激和忠诚作为报答，奉献给了洛克菲勒的石油产业。

对下属进行有效的激励，是提高团队产能最直接、最根本的方式。在进行激励时，一些技巧和措施是既受欢迎又非常有效的。

第一是认可和称赞。这是对下属工作能力最大的肯定。当然，这种褒奖必须维持在适度的范围内，不然很容易让下属过于放松，在完成任务时因缺乏紧迫感而降低效率。

第二是重视和提升。个人是团队中的一员，与团队呈现某种依附关系，这会导致个人自身的存在感下降，管理者如果重视下属的职业生涯，考虑在内部对其进行提升，或是给予下属某种头衔，能极大激发下属的积极性。

第三是工作环境和团队精神。团队的整体氛围决定了个人的工作环境。我们很难想象一个人能在自己厌恶的环境中积极高效地完成工作，管理者需要充分利用团队精神，保持和谐的工作环境，才能让环境中的团队成员提升凝聚力，并愿意为团队的效益付出；

第四是一对一的指导和授予额外责任。当我们对某个下属进行一对一指导，这位下属通常会提高注意力迅速领会，并在执行时表现得更有决断力和行动力。另外，一些积极上进的下属会自愿承担一些额外的责任，作为管理者应当善于发现这类意愿，并适当授权，保持其积极性。

第五是团队活动。比如小型集会、培训、竞赛等，这些活动能缓解疲劳，增进交流。另外，除了着眼于团队的高效性，也要适当给下属留出假期，成为一名人性管理者。

掌握团队成员的想法，选对执行人

身为管理者，我们每日做的最多的事，就是为下属安排工作任务，并随时跟进他们的完成进度。曾经有人将基层职员比作"螺丝钉"，而将整个企业比作大型机器，只有每个"螺丝钉"各司其职，努力工作，企业这台大型机器才会正常运转。相比于基层职员做好分内工作的基本原则，管理者需要做的事更多一些，可以兼具连接轴承、传送齿轮、润滑剂、冷却剂等多种必备品的功能。事实上，基础零件只需要按部就班地运转，而将这些运转不断传送，进而推动整个企业机器运转的，正是身处连接地带的管理者们。

现代管理者在整体中已经不再简单地起到连接作用，在一定范围内拥有决策权和调配权的我们，不但要为团队负责，还要将工作任务委派和授权给团队成员，让工作更好地开展和进行。

整个团队需要完成一项什么任务？涉及到哪些方面？应该分别交给哪名成员去处理？这是管理者需要判断的问题。只有对团队中成员的能力、想法和性格特点了如指掌，我们才能在委派工作和进行授权时，选择最合适的执行人。

我们对下属的了解程度与委派和授权，同我们使用手指类似：无论是惯用右手还是左手的人，每次拿起东西时都很熟练，我们不需要考虑捡起一颗花生需要用两根手指还是五根，也不需要思索使用筷子时手指应该摆在什么位置上，我们对手指支配和使用的熟悉程度已经刻在意识与肌肉记忆中，几乎很难再发生错误。同理，对下属越了解的管理者，越能在进行组织、指挥和协调时选择最正确的方式，并在分工时指定最合适的人选，使他们各显所长。

需要牢记的是，在授权时选择对的执行人，不仅能提高团队的效率，更重要的是能保持团队内部的和谐与管理者在团队中的公信力。这个道理非常简单，如果你不小心将一项适合A的任务指派给B，B在茫然无措的同时，可能会遭到A的质疑，认为B通过向管理者提出请求，而抢夺了本属于A的工作事项。抛开A与B两名成员的个人矛盾，当你做出这个错误决定时，包括A和B在内的所有成员都会质疑你的管理能力，毋庸置疑，这绝对会为你之后的工作增加难度。

那么，如何能保证委派和授权的正确性呢？答案自然是更多地了解下属的"想法"。以下是一些授权时需要注意的问题和相关建议，以这些建议为参照，我们能更有针对性地按照个人状况的不同将下属分类，缩小范围，选对执行人，提升团队效率，增强团队凝聚力。

首选，拿出你的用人能力和领导艺术，分辨和选择最佳授权对象，这是完成任务的关键。

（1）忠诚无私、积极奉献的下属——做事认真，忠于职守，不计较个人得失，值得信赖；

（2）极具创新能力的下属——此类人思维敏捷，工作效率较高，有勇气在常规工作中寻找新的突破点，达到意想不到的效果；

（3）有团结协作精神的下属——擅长处理人际关系，具备极强的向心力和凝聚力，凡事以团队利益为重；

（4）独立性极强的下属——自主意识较强，善于发现并独立解决问题，开放性思想经常会让人耳目一新；

（5）偶尔犯错并渴望改正的下属——此类人往往急于弥补过失，证明自己，具有更大的积极性和能动性，并会因为授权激发更大的热情。

其次，根据下属表现出的状态和水平进行授权。面对授权，下属通常会呈现出不同的反应和状态，根据不同状态，选择不同的授权方式。

（1）没有把握完成任务，因此不愿接受——下达命令，并对其进行监督和指挥；

（2）能力不足但愿意接受任务——为了保持下属的积极性，不要公开质疑其能力，注意对其进行积极指导与适当激励；

（3）有能力却不愿意接受——以团队精神激励下属，使其意识到自己在团队中的重要性，并在完成过程中对其提供相应指导；

（4）有能力同时愿意接受——这是一名成熟的下属，明确地了解自己的能力与责任，对其进行授权后尽管放心，只需要定期对其进行考察与监控。

善于授权，谨防"反授权"

简单地说，"授权"就是将执行权力委托给他人或是机构，在企业管理中，授权则是将完成某项工作所必须的权力授给团队成员，这些权利包括调用人力财力、协调交涉的决策权，但授予给下属的只有行使权力，而不是完成这项工作的必要责任。

日常业务繁忙是现代企业的主要特点之一，管理者拥有决策能力，但不可能做到凡事亲历亲为，恰当适时地授权，在完成工作和调用人力财力等方面，给下属一定的自由空间，让他们解放自己的创造力，充分发挥积极性，共同实现团队目标。

我们总有种思维惯性，认为只有自己亲自执行，才能让工作事项最终完美达成，这让我们作为管理者向下属授权时，难免带有一种"不放心"的质疑，造成一次不够成功的授权。作为管理者，即使我们的授权方式不够恰当，下属通常也会选择接受并完成我们委派的工作事项，不过，这对下属的积极性和团队的凝聚力并没有任何益处，甚至还会起到反作用。

为了成为一名高效卓越的管理者，我们需要在实施授权时注意以下几点：

（1）明确的任务目标与完成期限——目标与期限是必须准确、清楚的要素，执行者通过这两项要素制定工作计划，确立方向和速度，在任何一项上含糊其词或模糊不清，都会导致工作无法顺利进行。

（2）授权后适度放手——既然已经选择了合适的执行人进行授权，在工作进行过程中就不要再严格管控，适当给下属空间，避免自己成为令下属厌烦的"假授权"者。

（3）明确展示授权带来的益处——这种做法能够最大限度地唤起下属的能动性，让他们变得更积极、更主动。有时，一些有能力的下属未必愿意接受我们的授权，可能是因为对自己的能力信心不足、对他人的目光过于在意、认为多一事不如少一事等。当我们明确表示该下属适合这项任务，并向他展示此次委派和授权能带来的益处时，下属通常很容易被说服。

合理授权，能让团队中的每一名成员发挥最大作用，进而提升团队效益，也让管理者的工作更加轻松、高效。不过，就像职场处处有陷阱一样，身为管理者，也需要擦亮眼睛，回避和杜绝管理工作中的常见陷阱。

在管理工作中最常见的陷阱被称为"背上的猴子"，这里的猴子，泛指人们的待办事项。虽然"背上的猴子"能够在职场的任何人之间发生，但受灾最严重的职位还是管理层。

你是否遇到过如下情况：早在几天前，你已经授权某个下属完成一项工作任务，关于目标、时限等细节也交代得非常清楚，按照常理，接下来这项工作便是由他自主完成，当然，也会存在下属遇到问题向你求助和请示的情况，但那毕竟不是每天都有的。

这天，在你去茶水间或卫生间的时侯，那名下属拦住你，向你请教一个"费解"的问题。听完整个问题的来龙去脉花费了你五分钟左右时间，之后你发现，下属提出的这个问题不能马上进行简单回答，于是你对他说："我现在没时间跟你讨论，让我考虑一下，回头找你谈。"

就这样，你接过了他"背上的猴子"。当他向你请教时，之前在他背上的猴子跨出一只脚踩在你背上，而当你答应代替他考虑时，猴子已经完成了转移，你和你的下属互换角色：你成了问题的承担者，下属却成为监督者。他可能会隔三差五跑来催促，如果没有得到满意答复，他可能会质疑你的能力，甚至提出顾虑和担忧，变相"强迫"你改到他"觉得"满意为止。

身为管理者,帮助下属解决问题似乎天经地义,但"背上的猴子"却没这么简单。这种情况的可怕之处在于,当你答应考虑时,你不单接过了你下属"背上的猴子",还将他的"猴子"当作自己的用心"抚养"。令人绝望的是,你的下属不只一个,所以你"背上的猴子"将越来越多,让你手忙脚乱,根本没时间照顾自己的猴子。

作为管理者,我们首先需要学会的是如何授权,接着还要防止下属的"反授权"。毕竟,一位卓越有效的管理者,不是让自己背上越来越多的"猴子",而是要让每个下属都认真负责地照顾自己"背上的猴子"。

听话的未必是好员工

很多人或许还记得自己的学生时代,班上总有听话的学生和淘气的学生,老师当然更喜欢听话的学生,但最听话的那个通常不是成绩最好的,而考试成绩名次靠前的学生中总混杂着一些淘气分子。

当我们进入职场,大部分管理者更喜欢听话的下属,因为他们不会惹事,不会提出反对意见,管理起来也比较容易,但有的时候，听话的下属未必是好职员。

用《西游记》中的沙悟净来比喻一部分听话的职员，是非常形象的。他们几乎从来不会迟到、早退，上司怎么说就怎么做，却因为循规蹈矩、按部就班而缺乏活力，效率低下，虽然每天也忙个不停，却无法为团体和企业带来更多价值。另一方面，那些听话的职员通常不喜欢承担责任，无论是服从上司或是像"老好人"一样与其他同事相处，其根本原因都在于害怕出错、害怕承担责任，他们在极大程度上降低自己犯错的可能性，所以虽然他们的工作效率并不高、业绩并不出众，但在待遇上却基本稳定。不过，这种"不求有功但求无过"的消极状态，很可能影响团体内部其他成员的工作状态。

当你某天跨入办公室，一名下属急忙跑过来说："你昨天授权我负责的工作，遇到了问题，我想向你请示该怎么办。"你认真听完情况，等着他向你汇报他的设想或可能有效的替代方案，结果，他只是看着你，目光迫切而热情，很明显，他只是把遇到的问题汇报给你，接着等待你告诉他应该怎么办，你花费时间帮他想到了解决方案，结果在那之后，他几乎每件事都不肯独自决定，而是坚持向你请示。

这就是一名听话的下属，但他缺乏自己独立做决定的习惯，似乎也缺少承担责任的勇气。当然，也许作为管理层的你作风比较强势，喜欢替别人做决定，并乐在其中，那你就要适当反省一下自己的管理习惯，但如果问题并不在你身上，那你一定是遇到了一名听话却缺乏创造性的下属。

大部分情况下，那些有建设性或颠覆性的见解都是由工作勤奋、个性独立的职员提出的，他们善于另辟蹊径，摆脱常规思维模式的束缚，并能真正有效地改善和改进技术、品质等多方面要素，起到带头跨越瓶颈的作用。虽然这样类型的下属通常表现得不太听话，但任何公司的管理层都很难找到性情完全合意又才华横溢的优秀职员。所以，如何对那些能力优秀但个性十足的职员灌输和创建为团队和企业发展有益的价值观和工作观，才是管理者的工作。

小A在某企业任职时，因为脾气直率急躁，经常第一个站出来反对自己的上司，但他却得到了上司的信任和提拔。因为在他的上司看来，唱反调并不是抗拒工作的表现，管理者需要有独特见解和独立思考能力的下属，因为他们有时提出的意见，恰好弥补了管理者没有考虑周全的地方。

在成功的高层管理者中，乔布斯绝对是最有名的成员之一，但他的火爆脾气也同样出名。乔布斯本人对各种事物敏感异常，无论是对职员还是对自己的产品都很苛刻，挑剔到近乎完美的程度，如果下属的工作进行得很好，他会称赞下属是天才；如果下属的工作没有达到他的要求，他会毫不留情地批评对方是个白痴。更令人哭笑不得的是，他手下的一些职员经常会在同一天里既成了天才又当了白痴。

当然，并不是所有职员都会安静地认可他的极端评价。一次，当乔布斯批评下属的东西是"狗屎"时，那位下属立刻辩解，说并不是自己的问题，而是乔布斯根本没有理解他的设计和意图。其他职员都非常紧张，但乔布斯并没有像众人想象的那样大声咆哮，而是对那位下属的设计重新研究和思考，之后对他的设计加以肯定，称赞他是"天才"。

后来，那些紧张过度的职员才慢慢发现，乔布斯很喜欢那些敢于对抗、表达自己想法的下属，至于"白痴"的说法，并不是他对职员的人身攻击，而是他无法忍受平庸时的一种狂躁的表达方式。

正因为乔布斯坚持要求职员保持独立的思想和创造力，苹果公司的产品才能一直在世界上保持领先地位，成为被人们认可、喜爱甚至追捧的"完美产品"。

对于管理者来说，能够准确分辨一名下属到底是对授权进行的工作认真负责，还是毫无能动性地"听话"，是保证团队效益的根本，因为这关系着我们能否选对执行人，能否让每项工作任务真正高效地进行和完成。

真正的好职员未必"听话",但一定有活力,有独立的创造能力,一定可以为团队和企业节约资源并创造更多价值。只有那些单纯追求省心省事的管理人员,才会喜欢那些"听话"的下属。

第八章 销售人员业绩为先

作为销售人员，最大的追求是业绩，因为业绩与我们的收入直接相关，而且作为销售人员，业绩也是我们工作能力的直观表现。

在销售过程中如何利用时间管理学中的技巧，达到提升业绩的效果，是每个销售人员需要研究的重点问题。

明确的目标和计划,是成功的第一步

还记得哈佛大学那个能改变人生信仰的跟踪调查吧?为了弄清楚明确的目标到底会引导人们获得何种生活,花费25年的时间相当值得。根据调查结果,我们可以确凿地说:"目标的高远直接决定了人生的高远。"

很多人将目标比作行动的指南针,或是大海中的航线,如果没有方向,速度再快也没有用,这和"南辕北辙"的道理完全一样。在缺少目标的情况下,任何机遇或是别人主动伸出的橄榄枝,我们都可能视而不见,因为我们根本不知道自己想要什么。

为了通往成功,任何人都需要遵循一条不变的途径进行努力。著名的潜能激发大师安东尼·罗宾先生将那条不变的途径概括为"要知道你所追求的是什么"。任何一项工作和事业的完成都需要明确的目标与合理的计划,没有目标和计划,我们的工作只能是一盘散沙,今天铲平这一边,明天又挖掘那一边,虽然疲于奔命,但效率依旧低下。

奔走,几乎成为销售人员的最大特点之一,但是,我们的奔走真的都有意义吗？我们是按照已经确定的目标和计划忙碌吗？有没有可能因为准备不充分花费无用功，白白浪费时间和精力，业绩却依旧波澜不惊？

对销售人员来说，确定一个合理明确的目标，是成功拿下订单的第一步。

首先，根据自己销售的产品，定位消费群体。

商品的存在，本身就基于人们的需求，任何一件商品都存在自己的需求群体。与日常生活息息相关的产品被大众需求，与专业相关的产品被专业人士需要，还有一些专门为某些功能和需要开发出的产品，比如药物类、保健类等商品，面对的则是有特殊需求的群体。只有定位了产品的消费群体，才能准确无误地"打入"其中，定向推介。

其次，根据对应的消费群体，调整推介方式。

任何一类固定人群都有共同的特点，这也是为何很多时候，我们只要了解对方的职业，就能大致想象他们的日常生活状态。所以，对自己将要面对的消费群体进行分析和定位，是确定推介和销售方式的基本条件。原因很简单，如果我们面对的消费群体是70%以上爱好网购的年轻上班族，那么面对面的推介模式绝不是明智之举。

这些准备工作，与我们通常所说的市场分析相近，但更为简单。市场分析作为一门可能改变部门工作重点的综合性学科，涉及到经济学、统计学、经济计量学、运筹学、心理学、社会学等多种学科，而我们分析自己的销售工作，设定目标和制定计划，只能算作狭义的市场分析。

狭义的市场分析就是市场调查研究，这种调查的根本目的是研究购买者或用户的心理和行为，我们需要收集消费者的购买和使用商品的情况、想法、意见和动机等材料，并加以研究和分析。将产品面向的消费群体进行分析后，对各类不同消费者制定不同的销售策略，便是一名销售人员需要的计划。

最简单的的例子是根据"男女有别"原则制定的销售策略，这种简单的策略，可以说是销售人员需要了解的基本常识。

男性和女性因为生理、心理上的差异，以及在家庭中承担的义务和责任不同，在消费心理上有着极大差别。

男性消费者通常都有明确的目标，在消费过程中"动机形成迅速"，他们对自己的选择通常有较强的自信，即使几种购买动机发生冲突，男性消费者也能果断作出决策，因为他们不喜欢花很多时间去选择和比较，但这并不意味着男性消费者会出现冲动购买的情况，他们会关注和强调商品的效用及物理属性，购买后极少反悔，对商品的一些小问题选择不予追究。

女性消费者则完全不同，她们在消费时心境变化相对强烈，容易受感情因素和环境气氛影响，出现冲动性购买，尤其是年轻的女性消费者，所以女性消费者的后悔及退货现象也比较普遍。同时，在购买商品时，女性消费者对商品的外观有要求和偏好，同时还要从商品的实用性衡量其价值，很容易陷入纠结。

消费群体之间的巨大差异，使得销售人员必须同时准备几套方案，以便能在面对不同类型的消费群体时有的放矢，而这些准备的前提和基础，正是依靠市场调查和分析得以确立的目标和计划，知己知彼百战不殆。只有充分了解我们要应对的群体，才能做好准备，让自己的销售之路有清晰而正确的方向。

学会选择合适的营销时段

每个人都有自己的生物钟，工作也有固定的节奏，由于大家的工作时段非常相近，所以空闲和忙碌的时段也大多相同。

销售人员的主要工作就是与客户沟通，但需要牢记的是，我们的客户也一样在工作，无论是利用电话或是见面推介，都需要慎重地选择时段，以便达到更好的效果。

试想一下，如果我们星期一刚一上班就接到推销电话，或是业务员请求见面的电话，我们会接受吗？如果是工作异常忙碌时呢？如果是午休小憩被打断以后呢？

虽然有礼貌的人可能不会强硬地挂断电话，但因为我们的不合时宜，一定会引起对方的抗拒心理，进而增加销售难度。所以，我们一定要懂得选择合适的时间去"打扰"客户，那么，客户最容易被"攻陷"的时段到底有哪些？

每个周一都是人们最忙的时候，双休日之后，大部分公司都会在这一天上午召开会议或布置本周工作，所以，我们的客户通常不是在参加会议、主持会议，就是在与上司和同事讨论工作计划，总之他们很忙。如果想要联系业务，最好避开周一，有急事需要联系的的话，也应当注意避开早上时间，等到下午情况会好很多。

从周二到周四是工作的正常时段，客户的工作变得有条理，情绪也会更加稳定，如何利用这三天时间，才是提升销售业绩的关键。

一旦进入周五，很多人的注意力可能已经转向周末的出行或游玩活动，即使是那些专注于工作的客户，这一天也在忙于对一周的工作进行收尾，不再开启新事项是人们共同的认知和习惯，就算在这一天拨通了电话，得到的答复也常常是"下个星期再联系"。不过，如果周五能被善加利用，进行预约，就能为下一周的销售工作进行准备和铺垫，毕竟，经过预约后的通话与见面，总比冒昧的打扰更令人感到舒适。

大部分人的工作时段是早九点至晚五点，在这个看似整天的时段里，并不是任何时候都可以对客户进行"打扰"的。

早上十点之前，工作刚刚开始，需要进入状态，与相关协作部门和同事取得联系，几乎是全天最忙的时段，无论如何不要在此时打扰客户，因为一旦预先制定的计划进展顺利，他们的情绪会非常高涨，相应地，我们的销售也会更加顺利。

十点到十一点之间，是客户相对空闲的时间，电话和拜访都可以定在这一时段，不过，无论多么重要的事，请严格控制时间，不要占用客户的午餐时间，如果他真的很感兴趣，希望与你细谈，那么他会主动提出利用午饭时间详谈，否则，请记得在客户准备去吃午餐之前告辞。

午休时间是绝大多数人的休息时间，除非有特殊急事，很少有人会选择在午休时"打扰"他人，对待我们的客户更应该如此。

从午休结束到下午三点之前，很多人并没有从午间的困顿中彻底清醒，进入良好状态，尤其在夏天，炎热的温度会让人感到更加烦躁，在这个时段选择与客户谈生意，收获的通常不是昏昏欲睡就是烦躁不堪。

下午三点至五点间则是沟通效率极高的时段，大部分生意都是在这段时间促成的，如果是那些加班到晚上或是相对熟悉一些的客户，也可以考虑约在晚上联系或沟通，但切勿占用对方过多的时间，毕竟，晚上的时间是属于客户的私人时段。

总之，在选择时间时，要充分考虑到客户的情况，在最恰当的时候进行联系和沟通，避免打扰客户的重要工作，引起不必要的厌烦情绪。

如果我们与客户的沟通以会面形式进行，只要约在他有空的时间就可以，我们需要注意的是守时以及谈话的高效性，但若是电话联系，需要关注的重点便是我们应该在什么时候拨通电话。

会谈也需要计划和管理

当我们的客户同意拿出时间接受我们面对面的推介，通常说明他们的合作意向较为强烈，因为在这个匆忙的社会里，给予时间是重视最直接的表现。

大部分需要当面会谈的生意合作，无论是从金额上还是意义上，对会谈双方都比较重要，正因为如此，我们更需要提前做好准备。越是规范有效的会谈准备，越能显示销售人员的专业，以及对客户的尊重程度。

关于会谈，我们需要注意的事项如下：

（1）出发前对重要材料进行检查：诸如报价单、新品宣传册、产品库存数清单或是会面需要探讨的资料和文件一定要准备充分，除非是客户会面时临时提出的额外需要，否则，在会谈时对客户说"下次再送来"或是"尽快发到您邮箱里"是很失败的结果，这意味着我们的重视程度不够，准备不到位，而当我们事后补救时，客户往往已经失去兴趣。除了与产品相关的资料，我们随身还需要携带合同，以便可以随时达成合作协议。

（2）一定要守时：客户安排时间与我们会谈，但我们却迟到了，这会让客户的心理感受非常不好，就算有真正可靠的理由，最好也不好迟到，如果你真的觉得会迟到，那么请一定提前与客户联系，让他知道自己还需要等待多久，明确等待时间可以让客户为自己安排一些工作事项，而不是一直保持空闲和等待的状态，这会让客户感到他为我们浪费了很多时间。提前出现也是一种冒昧行为，毕竟，客户很可能在与你会谈之前安排了其他重要的工作事项，无论迟与早，你没有按照约定时间出现，都会影响客户的计划，引发不满。

（3）准备充分，尤其是关于产品：客户同意与我们会谈，绝不是因为想知道我们老家在哪里，家中有什么人，孩子几岁，而是想对产品、销售人员以及背后的企业进行更多了解，以便决定是否开展合作。所以，在会谈之前，无论是客户情况、客户需求,以及客户可能关心的问题,都要认真了解和准备,不要推介那些他明显没有用处的新产品,也不要在客户对产品和服务提问时支支吾吾敷衍了事,这会产生极大的不信任,进而导致客户改变意向。

(4)出发前提前确认:有些时候,客户会因为无法回绝我们的热情而同意会谈,却在约定后取消拜访;也有些客户由于临时有事匆忙离开,没有通知我们取消拜访,无论原因是什么,我们都会遭遇客户不在的情况。为了避免这种浪费时间的状况发生,我们在出发前可以给客户的办公室打电话,如果客户正在等我们,那就告诉他我们将在预定的时间拜访他。

(5)会谈时保持注意力:当人们面对面地进行会谈,谈话礼仪中对彼此的尊重就显得尤为重要。我们必须提高注意力,身体稍微前倾,专心地直视客户,倾听他的问题,这有助于提升会谈的效率和成功率,也给客户留下良好印象,促使他愿意成为你的老客户。为了在应对客户时保持精力集中,我们需要保证自己的休息,减少加班,避免疲劳,保存更多的精力争取和获得更大的合作订单。

(6)不要跨区作业:很多时候,我们会将与几名客户的会谈约在同一天,甚至是同一个半天,因为我们不会在任何一名客户那里逗留太久,半天时间足够拜访3~4名客户。但在那之前,一定要将你的客户按照所在的地理位置划出片区，并保证在每天或是半天时间里，只在一个片区活动，拜访客户。这种区域性活动，能让我们在完成拜访的同时，花费更少的时间和精力。

除了以上这些事项，会谈中的时间也是我们需要留意的部分。即使是重要的会谈，其关键与核心部分的介绍、提问和解答通常也不会超过半个小时，与不熟悉的客户第一次见面的时间可能只有十五分钟，对方就已经开始将目光投向四处，心不在焉起来。事实上，除了与关系很近的朋友谈话，我们很少能将一次两人会谈的时间保持在一小时以上，因为所有人都很忙，因此，任何一次会谈都应当有明确的目的和内容，以便尽快进入主题，尽早结束并做出决定。对会谈注意事项以及不同类型客户的了解和把握，从根本上决定了销售人员的会谈成功率。

拒绝拖延，将机会握牢

我们都会将自己不愿面对的事尽量拖延，这不是由性格和工作性质决定，而是来自于我们的自身的"惰性"和"胆怯"。害怕一件事无法像预期那样轻松顺利，害怕得到不希望的结果，想要拒绝却不想明说，这些都可以成为拖延的理由。在销售行业中，拖延随处可见，更严重的是，它会同时出现在购买和销售上。

作为一名销售人员，你是否有过这样的情况？

客户名单中有一位重要却并不友善的客户，他接听电话时经常很不耐烦甚至很暴躁，但他对你介绍的产品表示了一定程度的兴趣，并要求你在第二天再通过电话向他做更详细的介绍。这是一个好机会，但电话那端的客户实在不易沟通，第二天，你又期待又担忧，不断看着时间，盘算着何时拨打电话更为合适。考虑到他上午可能工作繁忙，午休刚过可能心情烦躁，你一直等到下午才拨通了客户的电话。只听他在那边很不满意地说："我等你的电话等了整整一上午，现在我刚坐到会议室里准备开会！"

拖延使人在无形中浪费了许多时间，错过了不知多少机会。我们应该给客户打电话，却拖了又拖，到了客户门口，是否进去拜访也要挣扎思考几分钟，这种情况的结果就是，我们会决定明天再打电话或是直接拜访客户，但明天是周五，只能等到下周一再说。就这样，拖延的几分钟时间，演变成一天，甚至是接下来好几天的拖延和浪费。

销售人员最害怕的通常是客户的抗拒、抱怨，或是直接说"我不需要"。然而并不是所有的销售人员都能清楚地辨识，哪些是客户真正的拒绝，而哪些只是他们的拖延。这些"拖延的拒

绝"在拒绝中占领着绝大多数席位,并毫不犹豫地举起反对票,将我们的信心压垮。关于那些"拖延的拒绝",通常有如下几种句式:

(1)我还要再考虑一下;

(2)我们的预算花光了;

(3)我得先同合伙人商量一下;

(4)两个月以后再联系,到那时我会需要的;

(5)对我来说质量不重要;

(6)这部分不归我管;

……

诸如"我们有长期合作的供货商""我们需要进行比较""这些由总部采购"等回答,都是非常经典的拒绝方法,但这些都不是真正的拒绝,真正的拒绝是,"没有钱""有钱但现在不需要""没有支配预算的权利""不想更换供货商""有更好的选择或有熟人供货""不信任你"。

我们在销售过程中总会听到很多拒绝的声音,但这不应该构成我们拖延的理由。

小W通过朋友介绍,认识了一位新客户,通过一段时间的沟通,这位新客户同意从小W处采购一批生产原料,但前提是能按照他提出的条件降低价格。

新客户在与小W告别时承诺，只要小W能争取到那个价格，他就会马上签下采购合同，再加上他与自己朋友的关系，小W对这位客户的承诺深信不疑。

回到公司后，小W开始发愁，因为小W的主管一向很严厉，大部分下属都不愿与主管打交道，拖了几天之后，小W才鼓起勇气，敲开主管办公室的门。

由于这笔订单数额很大，小W又一再强调这是客户签署合同的唯一条件，主管最终同意了那名客户提出的价格。

可是，当小W满心欢喜地去找那位新客户签订采购合同时，却得知对方刚刚在前一天以同样的收购价格与另一家公司签定了合同。

小W忍不住抱怨新客户不守信用，但那位新客户解释说，因为小W已经一周多没有消息，他误以为是双方价格没有谈妥，又因为自己公司急需原料，便从另外一家公司进行了采购。而夺走小W订单的那名销售人员，从第一次给客户电话到谈妥价格签订合同，只用了短短四天时间。

当我们的客户产生合作和购买意向时，销售人员一定要趁热打铁，有技巧地催促客户早下决定签约付款，因为再强烈的意向，只要没有付款，都不算销售成功，而在对方犹豫拖延期间，难免夜长梦多突生变故。

与其他的职业人员不同，销售人员向来与时机同行，所以拖延的恶果就会更加显著。为了我们的工作、为了业绩，请你抓牢机会，拒绝拖延，成为一名业绩优秀、能力超群的销售人员。

修炼打电话的艺术

贝尔在发明电话时大概不会想到，如今电话的运用竟然会如此广泛，自从无线电话诞生至今，人们的沟通越来越依赖电话，有些电话业务繁忙的人，几乎可以称为"行走的手机"，我们在任何时间、任何地点，只要按下呼叫键，就可以很快与对方建立起联系。

对销售人员来说，电话是非常重要的工具，我们无法在一个小时内跑遍全城与客户见面，却可以在一个小时内拨打5个或更多的重要电话，与我们的客户进行沟通。它可以是敲门砖，可以用来跟进客户情况，可以在后期进行回访和维护，可以让我们将交易拓展到大洋彼岸去。

但是，电话的使用一定要适度，作为一名销售人员，你的语言表达能力一定很强，甚至能做到拿起电话后话题不断，但有时，缺少目标和主题的谈话会占用我们大量时间，变成吞噬我们时间的无底洞。

一天,小M正在全力以赴地整理自己的客户清单,打算汇报给自己的上司,突然电话响了,打电话的人是你久未谋面的老同学,你们在电话里相互问好,关心对方的情况,之后开始回忆曾经的趣事……你们正聊得起劲,你的上司出现在身后,很生气地责备你,因为线路占线太久,客户已经把催单电话打到上司那里。直到这时你才发现,你们已经聊了一个半小时!半个上午的时间过去了,你还有二十个新客户没有沟通,客户清单也只是刚刚开了个头……

虽然我们的工作大部分时间都要依赖电话,但电话并不是全部,我们需要修炼的是打电话的艺术,而不是拉长使用电话的时间。

很多人都在利用时间管理努力提高自己的效率,减少被打断的次数和占用的时间,其中有一项正是关于如何高效、简短地使用电话,这些指导包括:接起电话后找借口尽快挂断,比如说自己正要离开办公室;直接限定通话时间,或是与对方约定一个方便的时间进行通话;最后,是对于销售人员打来的电话——客气地告诉他你不感兴趣,尽快结束。

"不感兴趣""尽快结束"是我们在进行销售工作时遇到的两大天敌,无论是电话中还是面对面,大部分人都会做出这样的反应。如果是面对面交流，情况还有转机；如果是电话，我们要怎样在对方"尽快结束"这次通话之前，成功引起他的兴趣呢？

如果你的事前计划做得真的很详尽，那么轻易不要相信"不感兴趣"这样的回答，你清楚地知道对方对你所推介的产品有需求，他说"不感兴趣"，只能证明他暂时不想与你合作，而且只是暂时，为了让这个"暂时"更早结束，我们在拨通电话时需要一些谈话技巧。

通常情况下，陌生销售很难一次达成，而是需要经过第一次电话拜访、第二次电话跟进和第三次促成交款这些步骤。

第一次电话中，我们需要在开头30秒到一分钟之内简单明了地介绍自己，没有人喜欢接到陌生人的电话，正式的自我介绍是从陌生走向熟悉的第一步。如果对方表示现在很忙，我们可以向他确认合适的通话时段，依约再次拨打。

在这次的电话里，我们可以提到自己的产品，但不要问客户是否需要，因为如果他回答不需要，那么他就成功地"尽快结束"了通话，我们要选择那些答案肯定的问题，比如与你的新客户探讨行业内的情况和问题，如果你们对目前情况的感受和认知相同，那么交谈会更加融洽。

第一次通话的时间不宜过长，通常控制在十五分钟左右，以免过多占用对方时间引起厌烦。通话结束时，一定要为下一次拨打电话找到理由，以便增加更多的成交机会。在最后结束通话时，向客户留下我们的手机号，并且确保对方真的已经记了下来，这有助于客户在有需要时顺利联系到我们。

第二次电话的重点将围绕产品进行。我们需要充分说明产品使用群体的良好反馈，营造数量稀缺的氛围，暗示客户珍惜机会，并巧妙回避客户提出的实质性问题，客气地用一些貌似相关的话替代回答，博得客户的理解也很重要，因为我们需要让他知道，他的一些要求会让我们很为难。

在沟通和交涉的后半段，我们会适当答应客户的要求，做出"艰难的让步"，让客户感到这个结果是经过努力才争取到的，进而使他更加珍惜，促成最终的交易。

第三次电话自然是催促客户交款，一定要注意委婉，毕竟，谁也不喜欢感受被直接"要账"的感觉。

很多经验都是在实践中累积的，即使是销售人员，每个人也会有不同的谈话习惯，请充分发挥自己的特点，创造归纳出一套最适合自己的电话艺术。

第九章 我们最终追求的,是生活的美好与质量

▶

　　时间带来成长和衰老,也带来消亡,我们很难抓住生命的流逝,却能看到时间的脚步。因为,时间贯穿着我们的生命,并在影响着生活的方方面面,虽然生活中有学习和工作,有欢喜和悲哀,但生命最根本的组成永远是时间。如何管理时间,如何让它们搭建出美好而有质量的生活,是我们一生都应该努力探索和学习的事业。

第九章　我们最终追求的，是生活的美好与质量

没什么比虚度时间更空虚

"一个人的一生应该这样度过：当他回首往事的时候，他不会因为虚度年华而悔恨，也不会因为碌碌无为而羞耻……"

无论是学生时代还是工作之后，我们都在想着能多些休息日，"少干活多休息"似乎成了所有人的梦想，但从小接受着"勤奋刻苦最光荣"的思想熏陶，我们又很难真正放任自己虚度时间。

很多人都会在长假之后感叹自己"什么也没做"，之前计划好的大扫除没有做，之前买好的书没有看，假期似乎被"白白浪费"了，可是，翘首盼望假期时，你不是也说"终于能什么也不干地呆几天了"吗？难道我们都会在心里暗暗希望，即使不用付出辛苦和汗水也能过上腰缠万贯、功成名就的生活？

现实告诉我们这件事不大可能发生，虚度时间不能为我们带来财富，只能增加空虚感。关于拒绝虚度时间的名人案例不胜枚举，不过最具戏剧性的例子当属默巴克。

1989年，默巴克是一名美国斯坦福大学的普通学生，家庭比

较拮据，为了减轻父母的负担，默巴克一直边读书边做些力所能及的事，在其他同学出去游玩的时候，他总会帮忙收发信件、报纸，帮学校修剪草坪、打扫卫生等。

很快，默巴克发现学生公寓的卫生状况很糟糕，因为学生们懒得自己打扫，又不放心让学校的清洁工打扫。于是默巴克找到学生公寓的校方负责人，希望学校允许自己利用闲暇时间承包打扫公寓的工作，校方同意了他的请求。

默巴克在打扫学生公寓时，总能从墙角、沙发下面、床铺下面扫出许多不同面额的硬币。当默巴克想要将这些硬币还给同学时，几乎所有人都满不在乎地对默巴克说："这些硬币送给你了。"

一个月过去了，默巴克数了一下那些积攒的硬币，居然合计500美元。默巴克通过这个数字进行计算，得出惊人的结论：美国每年有105亿美元硬币被大家扔在角落里。

读到这里，如果你认为默巴克从此开始努力打扫各种房间角落，最后依靠人们丢掉的硬币作为资金创办了自己的企业，那就太没有想象力了。事实是，被人们到处丢弃的硬币让默巴克意识到，硬币回收和换取纸币的市场相当巨大，于是在他毕业后，"硬币之星"公司成立了，默巴克用大量的自动换币机，换来了自己的富翁时代。

也许很多人会认为默巴克的成功主要来自他"勤工俭学"发

现的机会，但生活在我们身边的那些家境贫寒的学生，都能充分地利用自己的课余时间吗？

当很多人暮年将至，却屡屡感叹一生除了和其他人一样按部就班地读书、工作、结婚、生子，再没有其他可以称道的成就时，这并不因为他们天生资质平平，而是因为他们总将时间虚度，让人生在平淡里碌碌而终。

再见空想：从制定计划到圆满达成

当我们拥有一个明确的目标，努力便有了方向，生活便有了意义，但有目标和实现目标却是两个完全不同的行为，所以世界上才存在着"空想家"和"实干家"。

为了能坚持始终地达成目标，我们需要制定详细的计划，以精确到每天的细致程度，保证我们的目标得以达成。无论是年计划、季度计划还是月计划，都是以较为整体的时间进行规划，但每日计划却并非如此，它就像墙上精确的时钟，标注着每天我们需要完成的事项。

在前一天晚上或当天早上，我们需要将当天要做的事列一个清单，既包括工作上的事务，也涵盖私人活动。我们需要对照这张清单完成一天的工作和生活，并经常查阅清单以免有漏掉的事项。通过查阅，我们还可以找到可以安排在零碎时间完成的小事项。在当天的清单里，将自己接下来要完成的工作记录下来，如果可以在第二天或是更久之后完成，那就标好日期，找时间写入你之后的计划中。那些当天没能完成的事项，将它们重新安排，当然，如果你是个拖沓的人，你的待办清单会越来越长，直到你自己也意识到不能再拖下去为止。

让目标不再是空想的第一步是制定计划，接着是坚持不懈地完成它们，关于确立目标和完成梦想的经典案例，是美国探险家约翰·戈达德。

20世纪50年代，一个雨天的下午，一名15岁的少年坐在自己位于洛杉矶郊区家中的饭桌上，满怀雄心壮志地写下了自己的"My Life List"，也就是人生清单，在这张清单里，他写下自己人生的127个目标，他就是约翰·戈达德。

在这127个目标中，涵盖了学习风俗、探险、攀登、摄影等多个方面，内容从白日梦一般的"参演《人猿泰山》"，到科技先进的"参观月球"，结婚、生子，写一本书，去世界上每一个国家，重走亚历山大一世的征程，驾驶飞行器起飞降落，读完莎士比亚、柏拉图等人的著作，打字每分钟达到50字，学会围栅栏……

这些人生目标看上去需要依靠一个个庞大复杂的计划来完成，有一些甚至根本不可能完成，但第二年，也就是约翰·戈达德16岁时，他便按照计划跟随父亲去探险。到49岁时，他完成了127个目标中的106个，那些在旁人看来根本无法用一生完成的探险，他只用了三十多年便做到了。除了体验精彩的探险，他还将自己的生死经历写成书籍，成功出版，无论从任何一个角度衡量，约翰·戈达德都是一名人生赢家。

与其像个行动能力较低的少年一样坐在家里的餐桌旁想象，不如将所有的事都记下来，就像约翰·戈达德做的那样，只有这些"空想"被写在纸上，成为目标，我们才会为它们制定计划，并真正按部就班地完成它们。

莫法特法则：百试不爽的大法

莫法特休息法是指从一张书桌搬到另一张书桌的工作方式，最早起源于《圣经新约》的翻译者詹姆斯·莫法特，因为在他工作的书房里共有3张桌子。第一张桌子上摆着正在翻译的《圣经》译稿，第二张摆着一篇论文的原稿，第三张则摆着一大堆资料，以及他正在创作的一本侦探小说。

当他翻译累了，就会去看自己的论文稿，如果论文遇到瓶颈，他再去完成自己的侦探小说，写到没有灵感时，重新回到翻译工作，这时，之前被翻译工作累坏的大脑已经得到了很好的休息，可以精力充沛地继续进行翻译了。

这种时间管理办法，也叫"连续分段时间管理法"，根据我们大脑的分工，理性的左半球管理着逻辑思维、语言表达等有序活动，当我们进行长时间的、连续的工作，或是具有创造性的学习、策划和思考时，左脑会处于活跃状态。而右脑则管理我们的直觉、情感等非理性思维，一些不需要转动大脑的简单工作，比如整理和归类文件、打字输入时，都依靠右脑完成，与左脑的连续型工作相比，右脑属于分段类型的工作模式。

无论是左脑还是右脑，我们的大脑都无法持续高效地进行工作，因为过度活跃，大脑会变得疲惫，导致注意力分散，进而降低工作效率。莫法特休息法就是要通过不断更换工作内容，从而让大脑交替工作，就像农业上常用的"间作套种"，因为在同一块土地上连续几季都播种同种作物，会让土壤的肥力明显下降，所以人们在同一块土地上轮种不同植物，让它们轮流吸收土地中的不同养分，让土地肥力得以休养。

不过，我们无法拥有莫法特那样的书房，通常情况下我们只有一张办公桌，挤在周围的同事，以及不断出现的打扰事项。面对这种情况，我们可以采用相似的方法。

在整段工作时间中，除非期限紧张，不然我们尽可以将手中的工作分成几大项，让我们精神集中地将其中一项工作进行了半小时左右时间，并且可以暂时告一段落时，就放下这项工作，转移注意力去进行另外的一项工作。

这种脑力轮休的方式，除了让我们的大脑得到休息，更直接的好处是让我们不会因为整个上午都在进行同一项工作而感到腻烦。对一件事情的新鲜度永远与我们的热情成正比，而我们对每一项工作的热情和投入程度，将直接影响工作效率。

就像我们不喜欢每天都吃一样的饭菜，我们的大脑也不喜欢一成不变的任务。为了保持它活力常驻，定时改变工作内容，产生新的兴奋点，替换原有的兴奋点，让我们的脑力和体力都能得到放松，并以精神抖擞的状态，冲破所有难关，更快地完成目标。

巧解压力，带来更愉快的心态

压力，似乎从我们懂事以来就在折磨着我们，邻居家的小孩比我们识字多，同桌比我们成绩好，同学比我的工作好，前女友比我结婚早……当生活中的压力和工作中的压力一齐光临，我们真的能泰然自若吗？

事实上，产生压力的根本原因在于失衡，我们经常会陷入某种失衡状态，比如挣的比花的少，想要的比拥有的多，想做的事时间不够，想达到的标准能力不足，总之，永不满足。当然，就算我们能够安贫乐道，各方压力依然会层出不穷地向我们压来，毕竟在这个不前进就可能被后来者踩死的时代，人们承受的压力，代表着他们的责任。

长期生活在压力之下毕竟对身体没有益处，所以大部分都在不断探索和尝试，希望能找到更多既保留责任和动力，又能缓解压力的方法，已经归纳出的有以下几种：

（1）清楚定位自己的价值观和人生目标

想清楚你想做什么样的人？你的人生想达成哪些目标？卡耐基认为，拥有正确的价值观念，并且定例个人标准，将减少我们的50%的忧虑。

（2）用积极乐观的心态应对压力

研究结果表明，如果一个人在处理问题时能保持积极乐观的心态，获得满意结果的可能性会比一般人多出20%，这是因为乐观的心态不仅能安抚和平复情绪，还能最大限度地集中精神，帮助我们更快找到合理的解决办法。

（3）提升能力，理性反思

全面提升自己的能力，可以从根本上解决眼下的压力，而善于反思则让我们每次都能理清感受到压力的起因，试着记下每次的起因和应对方式，日后可以作为记录和参考。

（4）管理时间，建立平衡

工作方面的压力往往来自时间上的紧迫，试着主动管理和安排自己的时间，让工作变得有条不紊，同时，试着将一部分精力分给生活，认真地享受与人沟通和相处的时光，或是阅读、冥想、运动或做家务等。

（5）专注当下，享受日常

压力通常都表现在对将来的忧虑上，但明天的事谁也无法确定，如果不去观望将来，认真做好眼前的事，那种来自于未知的恐惧与压力就会减轻很多，试着保持健康的作息时间，与家人和同事沟通交流，提醒任何事都不会尽善尽美，让生活的顾虑离你远去。

解除压力，并不是要我们像乐天派一样活着，不去思考未来的生活，而是力图让我们摆脱那些缺少意义的顾虑，将可以转化为动力的积极压力筛出，成为能够鞭策我们前进的可贵财富。

时间管理，让生活高效而多彩

任何一项管理学都会涉及到整理和归纳等方法，对于时间这个只能感知把握却永远无法改变的存在，创造一套管理理论。

虽然千百年来，无数名人呼吁人们要珍惜时间，但在时间利用的方法上，每个人都有一套属于自己的习惯和偏好。时间管理学通过研究和借鉴历代成功者的经验，参照社会发展情况，将时间的利用方法进行了内容传统、方式全新的归纳和整理。

现在，时间管理是指"通过事先规划和运用一定技巧、方法与工具，实现对时间灵活、有效的运用，从而实现个人或组织的既定目标"，也就是通过科学的方法，将每一分钟都用在有价值的地方。

借助时间管理，工作将会变得更加高效，留下更多业余时间，投入我们自己感兴趣的活动；同样是借助时间管理，我们可以让业余时间变得更充实有益，提升自己的能力，进而在工作上有了更多用武之地。

人们通常很难珍惜那些未经过付出的东西，我们的时间与生俱来，成为大部分人在无意识中最常浪费的生命资源。

如果你无法想象对时间的善加利用到底能取得何种成果，那么加拿大临床医学家、医学教育家威廉·奥斯勒的事迹一定会震

第九章 我们最终追求的，是生活的美好与质量

慑你的神经。

我们一天乃至一生中的大部分时间都献给了工作，所以"人的差别在于业余时间"，当然，奥斯勒在行业内的成就也非同一般，他成功地研究出第三种血液细胞，也就是现在被我们称为血小板的细胞。

作为一名临床医学家，他的工作非常繁忙，但他为自己立下一项规定，每天晚上睡觉前一定要读书15分钟。不管多晚，哪怕是在凌晨3点进入卧室，他也一样会拿起书本阅读15分钟。50年间，他一共读书1098本，合计字数8235万字，这些积少成多的阅读量，让这位医学专家同时成为文学研究家。

奥斯勒的阅读只是一种业余爱好，却因为长期积累，被这项爱好"保送"进入专业的研究领域，而那些将自己的爱好当作事业，争分夺秒一刻不敢浪费的人，根本不需要花费50年时间，就可以攀登行业顶峰，成为众人之巅的佼佼者。

我们总是艳羡着成功者的成功，却很少懂得他们为什么成功，很多时候我们将他们判定为"与我们不同的人"，却很少反思过，我们与成功者之间真正的不同，不在于出身、家庭、学历，而在于是否有明确的目标、是否愿意努力按照计划前进，以及是否愿意为长远的目标付出长期不懈的努力，我们身上缺少的，是他们对于时间的敬重，以及对达成目标的执着。

你和别人拼的不是时间，而是时间管理

　　熟练地运用时间管理，自然能让我们的生活变得高效，但在那之前，一定要确立你自己的人生目标，为了在接下来的每一天变得更优秀，请你认真思考自己的人生，不要拖延，就从今天、从当下开始，用今天的努力，弥补昨天的浪费，成就明天优秀的自己。